# ÉCRIS TON LIVRE !

Charlie Bregman

# ÉCRIS TON LIVRE
## [ COACHING ]

COMMENT MENER UN PROJET D'ÉCRITURE
GRÂCE À LA MOTIVATION ET AU LÂCHER-PRISE

[SÉRIE AUTO-ÉDITION – Tome 1]

Auteur Éditeur

# SITE OFFICIEL DE L'AUTEUR

## http://charlie-bregman.iggybook.com

Le code de la propriété intellectuelle n'autorisant, aux termes des paragraphes 2 et 3 de l'article L122-5, d'une part, que les « copies ou reproductions strictement réservées à l'usage privé du copiste et non destinées à une utilisation collective » et, d'autre part, sous réserve du nom de l'auteur et de la source, que « les analyses et les courtes citations justifiées par le caractère critique, polémique, pédagogique, scientifique ou d'information », toute représentation ou reproduction intégrale ou partielle, faite sans consentement de l'auteur ou de ses ayants droit, est illicite (art; L122-4). Toute représentation ou reproduction, par quelque procédé que ce soit, notamment par téléchargement ou sortie imprimante, constituera donc une contrefaçon sanctionnée par les articles L 335-2 et suivants du code de la propriété intellectuelle.

Label Qualité des Auteurs Auto-Édités obtenu le 10/09/2013
Numéros de contrôles « Charte Qualité »
5/8/408-5/8/413-6/208-41464/32-42525
5/8/413-7/7/408-17/134-41435/44-42434
Contact : auto.edition.internationale@gmail.com

Copyright © 2013 Charlie BREGMAN
Mise à jour 29/02/2016
Tous droits réservés
EAN : 9782953940022
ISBN-13 : 978-2-9539400-2-2

Contact : charliebregman@gmail.com

# Table des matières

| | |
|---|---|
| Introduction | p. 11 |
| Des chiffres et des lettres | p. 15 |
| À quel éditeur dois-je envoyer mon manuscrit ? | p. 19 |
| Partage d'expérience. Trop impatient à me faire publier | p. 23 |
| On a refusé mon manuscrit | p. 25 |
| Quel auteur voudrais-je devenir ? | p. 31 |
| Partage d'expérience. Des années gâcher à tout vouloir intellectualiser | p. 39 |
| Qu'est-ce que l'écriture ? | p. 43 |
| Une imagination riche et fertile | p. 49 |
| Partage d'expérience. Assumer ses écrits grâce à un blog | p. 53 |
| L'envie d'écrire | p. 57 |
| La maîtrise de l'écriture | p. 63 |
| Un engagement réel et régulier | p. 69 |
| Partage d'expérience. Publier son manuscrit en cours d'écriture sur un blog | p. 75 |
| La patience de la réécriture | p. 79 |
| Partage d'expérience. Des personnages trop réels | p. 87 |
| Protéger son manuscrit | p. 93 |
| Le mystère de l'écrivain | p. 99 |
| Avant de vous renvoyer à vos pages blanches | p. 103 |
| Partage d'expérience. Pourquoi j'ai préféré autoéditer mon premier roman | p. 107 |
| Informations et remerciements | p. 117 |
| Autres publications | p. 118 |
| Label Qualité des Auto-Édités | p. 121 |

À toutes celles et ceux qui aimeraient écrire un livre, qui l'ont parfois déjà tenté, mais qui ont jusqu'à présent toujours échoué.

« L'un et l'autre savent ce que vous voulez réellement. Ayez le courage de suivre votre cœur et votre intuition. Le reste est secondaire. »

Steve Jobs

« La plus grande victoire, c'est la victoire sur soi. »

Platon

## INTRODUCTION

Écrire un livre fait partie de ces rêves partagés par la plupart d'entre nous, et cette tâche longue et fastidieuse, même si elle est toujours la promesse d'un beau voyage riche et épanouissant, exige surtout de ne pas se laisser croire que l'on n'en est pas capable.

Pendant longtemps, j'ai été un grand habitué des débuts de romans toujours inachevés. Aucun de mes projets ne passait le cap décisif de quatre ou cinq chapitres, et les idées qui me venaient me semblaient tellement plus intéressantes les unes que les autres, que rien ne parvenait jamais à l'état de parfait achèvement. J'aurais voulu être multiple, avoir la faculté de tout écrire à la fois, et pouvoir ainsi coucher sur le papier l'intégralité du monde qui bouillonnait en moi, mais la vérité, c'est que je ne savais absolument pas comment m'y prendre pour mener un seul de mes projets jusqu'à son terme, et que je doutais simplement de mes propres capacités à pouvoir le faire.

Voilà pourquoi je souhaite partager, à travers cet ouvrage, l'expérience que j'ai vécue durant l'écriture de mon premier roman : dévoiler les ingrédients qui m'ont été indispensables, dresser la liste de toutes ces lacunes qui m'auront fait perdre beaucoup de temps et d'efficacité, et ainsi aider toutes celles et ceux qui stagnent devant ces blocages qui les empêchent de progresser efficacement et correctement dans leur travail d'écriture.

*Écris ton livre !*

Je tenterai de vous convaincre qu'écrire, à l'instar de n'importe quelle autre activité, ça s'apprend. Cette maîtrise, bâtie avant tout sur l'expérience, exigera surtout du futur auteur de se prémunir de patience, ainsi que d'une bonne dose de volonté qui ne se laissera pas volatiliser à la première occasion de remettre au lendemain l'écriture, ou au moins l'ébauche, de la page suivante.

Mais à l'opposé de ces manuels théoriques qui vont parfois jusqu'à ériger leur propre méthodologie au rang de doctrine, cet ouvrage souhaite avant tout donner le pouvoir à l'auteur de surmonter, de manière autonome, les principaux obstacles qu'il pourra rencontrer en chemin. Loin de ces « méthodes miracle » qui prétendent pouvoir transformer n'importe quel énergumène qui ne sait pas écrire une phrase de plus de trois ou quatre mots en un auteur de best-sellers, ce livre s'efforcera de décrire la réalité du labeur sans complaisance, mais en démontrant toutefois qu'avec un minimum d'organisation et de persévérance, nul obstacle n'est insurmontable.

J'essayerai de transmettre mon optimisme et mon énergie, et d'encourager chez le futur auteur, l'introspection, la confiance en soi, une bonne planification des horaires d'écriture, et la simple volonté de partager toute la richesse de son monde imaginaire.

Personnellement, je rêvais d'écrire des livres depuis l'adolescence, mais j'aurai exploré des pistes pendant plus de vingt ans avant de comprendre quels étaient mes obstacles. Ne perdez pas votre temps comme je l'ai perdu ! L'être humain est fait pour réaliser ses rêves.

Si écrire un livre fait réellement partie de vos

*Écris ton livre !*

rêves, alors n'attendez plus pour savoir comment vous y prendre. Lisez ce livre et retrouvez l'énergie et la volonté d'écrire enfin le premier chapitre du changement de votre vie.

Charlie Bregman, le 17 juillet 2013.

*Écris ton livre !*

## DES CHIFFRES ET DES LETTRES

Selon un sondage de l'Ifop, réalisé en février 2013 auprès d'un échantillon d'un peu plus de mille personnes représentatives de la population française et âgées de 15 ans et plus, **17% des Français (et notamment des plus de 65 ans) déclarent être l'auteur d'un manuscrit.** Bien qu'une grande partie semble correspondre à des écrits de jeunesse (28% des 15 à 24 ans seraient des auteurs en herbe), ce phénomène touche néanmoins toutes les tranches d'âge.

Sur l'ensemble de ces auteurs inconnus (près de neuf millions de personnes si on se fie au sondage précédent), seulement un quart environ (soit plus de deux millions de personnes) souhaiteraient publier leur ouvrage.

Sachant que 76 205 nouveaux livres ont été publiés en France en 2012 (source BNF, entrées au dépôt légal des livres), soit **une moyenne de 9 livres publiés toutes les heures**, on pourrait rapidement se laisser croire que la sélection des éditeurs n'est pas aussi sévère qu'on nous le dit, et que la réelle difficulté des auteurs ne serait « que » de pouvoir se démarquer de tout ce flot culturel, par exemple en embrassant le succès dès le court laps de temps, accordé par les libraires, avant renvoi des livres invendus au pilon.

Cependant, la difficulté de faire connaître son ouvrage commence hélas bien avant l'arrivée en

*Écris ton livre !*

librairie. En effet, certaines estimations n'hésitent pas à faire état de 500 000 ouvrages qui seraient refusés chaque année par les maisons d'édition, et pour illustrer cette réalité, nombreux sont les exemples montrant que même pour certains écrivains de renommée aujourd'hui incontestable, rien ne semblait pourtant gagné au départ :

- En 1912, André Gide, pour le compte de la maison Gallimard, ouvre le manuscrit *Du côté de chez Swann* et tombe sur une interminable description d'une infusion de tilleul, puis quelques pages plus loin sur une certaine « tante Léonie » qui semble avoir des vertèbres sur le front : on retourne poliment le texte à Marcel Proust… qui aura alors recours à l'édition à compte d'auteur pour publier ce premier volet de son œuvre *À la recherche du temps perdu*

- En 1932, Gallimard (encore) conseille à Louis-Ferdinand Céline d'élaguer le texte de *Voyage au bout de la nuit*, « écrit par moments en français argotique un peu exaspérant »

- En 1938, la fiche de lecture du même Gallimard (mais rassurez-vous, d'autres maisons ont commis des impairs tout aussi désastreux), au sujet d'un certain Julien Gracq, fait référence à « des phrases entortillées » et un « texte terriblement ennuyeux et inutile »

- Plus récemment, pour son premier roman *Les Fourmis*, Bernard Werber, qui est aujourd'hui

*Écris ton livre !*

l'un des auteurs français les plus lus au monde, a dû renvoyer son manuscrit pendant 6 ans à des éditeurs et a reçu trois lettres de refus de la part de son éditeur actuel Albin Michel) avant d'être publié en 1991

- outre-Manche, J. K. Rowling a vu le manuscrit de *Harry Potter à l'école des sorciers* refusé par douze éditeurs avant que la maison d'édition américaine Scholastic, consultée par son agent, se décide à en acheter les droits en 1997

- retour en France avec Anna Gavalda, qui a essuyé une dizaine de refus avant que le Dilettante accepte de publier, en 1999, son premier recueil de nouvelles *Je voudrais que quelqu'un m'attende quelque part...* aujourd'hui traduit en 27 langues

- etc. (les exemples se ramassent à la pelle)

Pour mieux comprendre comment ces terribles bévues éditoriales sont encore possibles, il faut savoir que :
- GALLIMARD reçoit, tous auteurs confondus, près de 6000 manuscrits par an (contre 4500 en 1999)
- LE SEUIL : 5000 manuscrits
- ROBERT LAFFONT et FAYARD : 4000 manuscrits chacun
- GRASSET et POL : 3000 minimum

*Écris ton livre !*

Face à ces quantités phénoménales d'écrits de qualités inégales, il paraît évident que séparer le bon grain de l'ivraie n'est pas une mince affaire. Cette tâche plutôt ardue, confiée aux fameux comités de lecture constitués de professeurs de français à la retraite, de stagiaires ou d'autres lecteurs passionnés, est donc loin de constituer une sélection qui ne laissera rien passer entre les mailles du filet.

## À QUEL ÉDITEUR DOIS-JE ENVOYER MON MANUSCRIT ?

Nous reviendrons plus loin sur le processus d'écriture en lui-même. Si vous le permettez, continuons d'abord brièvement sur le problème de la sélection des éditeurs, et supposons que votre premier manuscrit soit aujourd'hui terminé et que vous vous retrouviez maintenant face à votre désir de le faire publier.

**L'erreur du débutant consiste à vouloir consulter les grands éditeurs en premier**, puis à se rabattre sur des maisons de moins en moins prestigieuses et connues dans un deuxième temps. En effet, nombreux sont celles et ceux qui envoient leur manuscrit à la grande maison parisienne dont ils rêvent, un peu comme on remplirait, plein d'entrain, une grille pour la super cagnotte de l'Euro Millions. Mais cette démarche est malheureusement inadaptée en terme de cible.

Il y a actuellement, en France, environ 10 000 éditeurs. Parmi eux, une vingtaine seulement sont considérés comme étant des grandes maisons (comportant un catalogue de plus de 5000 titres chacune). À l'opposé, la moitié de ces 10 000 éditeurs ne sont que de petites structures qui ne possèdent pas plus de 10 ouvrages à leur actif, et 70% du chiffre d'affaires de l'édition est d'ailleurs réalisé par seulement 10% des éditeurs.

*Écris ton livre !*

À ces chiffres, il faut ajouter que même si les librairies sont aujourd'hui littéralement inondées de nouveaux livres, l'envers du décor est que l'on publie de moins en moins de premiers romans. Depuis 2006, les statistiques indiquent une chute supérieure à 40%. Pour la rentrée 2013, parmi les grands éditeurs, seuls Mercure de France, Denoël, et Robert Laffont peuvent se glorifier de pouvoir présenter plusieurs premiers romans (deux chacun, pour être précis), derrière Gallimard qui continue de montrer le bon exemple avec trois premiers romans comme l'année précédente (source : relevé annuel *Livres Hebdo*).

**Que chaque nouvel auteur, inconnu et en quête d'éditeur, garde cela en mémoire : dans une grande maison d'édition, il n'y aura qu'une ou deux places réservées, chaque année, à un manuscrit comme le sien !** De quoi remettre tout de suite les pieds sur terre, n'est-ce pas ? C'est injuste, c'est trop peu, c'est fichu d'avance, comme vous voulez, mais le monde est ainsi fait, et le premier ouvrage d'un inconnu a intérêt à valoir vraiment le coup pour que l'on daigne sortir l'artillerie lourde pour le défendre.

L'explication à cette « injustice » est pourtant très simple : **en moyenne, un premier roman ne se vend qu'à 700 exemplaires**, ce qui est bien trop insuffisant pour qu'un éditeur puisse amortir son investissement, non pas matériel (car les coûts de l'impression restent très raisonnables) mais surtout publicitaire, ce qui s'avère beaucoup plus lourd en terme de temps et d'énergie. Les représentants et attachés de presse préfèrent donc focaliser leurs efforts sur des auteurs déjà confirmés, pour lesquels un minimum de ventes est déjà assuré, même si plusieurs exemples ont déjà

*Écris ton livre !*

démontré qu'un éditeur pouvait néanmoins très bien faire un bon coup en pariant sur un nouveau poulain : Jonathan Littell s'est vu décerner le Goncourt et le grand prix du roman de l'Académie française en 2006 avec *Les Bienveillantes*, Alexis Jenni a décroché le Goncourt également, en 2011, avec son premier roman *L'Art français de la guerre*... Mais comme ces exploits demeurent trop rares, les grandes maisons continuent de se préoccuper des auteurs déjà établis, tandis que les petits éditeurs font tout le travail pour s'efforcer de découvrir de nouveaux talents.

Par conséquent, puisqu'un auteur inconnu a statistiquement moins de chance d'être sélectionné par une grande maison qu'en s'adressant à une petite structure, **adressez d'abord vos manuscrits à de petits éditeurs !**

Ensuite, ce qu'il faut savoir, c'est que chaque éditeur a un peu sa propre spécialité, ses propres goûts, qu'il revient à vous de repérer. Ne piochez pas au hasard dans une liste de 10 000 adresses : allez en librairie, repérez les maisons qui publient des ouvrages similaires aux vôtres, utilisez Internet, explorez les catalogues en ligne lorsqu'ils existent... Bref, comme dans n'importe quelle type de relation, intéressez-vous davantage à l'autre qu'à votre propre nombril. Certes, vous pouvez être fier d'avoir écrit un chef-d'œuvre ; certes, son originalité vous met bien en peine pour lui attribuer l'étiquette qui lui correspond le plus ; certes, le monde entier doit absolument se délecter de cette perle rare et se précipiter à votre encontre pour vous demander de signer des autographes... mais de grâce, chaque année voit la naissance de centaines d'auteurs de votre trempe, et rares sont ceux dont on se souvient ne

*Écris ton livre !*

serait-ce que cinq ans plus tard, ce qui tendrait à prouver qu'il serait beaucoup plus adapté de se calmer, de respirer un grand coup, de prendre des vacances et du recul pendant quelques mois, de donner son manuscrit à lire à des lecteurs réellement objectifs, et de ne pas prendre le premier éditeur venu pour un serviteur dont le devoir est avant tout de vous faire connaître.

Cet éditeur, dès lors qu'il ne vous propose pas de participer aux frais pour vous publier, est un passionné. Il aime les livres, il aime les auteurs, il a ses propres opinions et ses propres goûts. **N'envoyez pas de poésies à celui qui ne publie que de la science-fiction, ni de polars à un éditeur d'essais philosophiques, et encore moins de livres érotiques à un spécialiste de contes pour enfants.** Faites votre sélection, faites vos jeux… et rien ne va plus. Les dés sont lancés !

*Écris ton livre !*

## MON EXPÉRIENCE PERSONNELLE :
## Trop impatient à me faire publier !

Avant de connaître l'indicible bonheur, en 2011, de tenir dans mes mains mon premier roman, un premier manuscrit avait été finalisé, de 180 pages environ, une dizaine d'années plus tôt. Par manque de clairvoyance sur les désastreuses lacunes de l'ensemble de ce texte, peut-être simplement parce que je n'osais à l'époque partager mes écrits avec personne, mon impatience à être publié me fit envoyer mon manuscrit à l'une des plus grandes maisons d'édition parisiennes.

Lorsque leur lettre de refus me parvint, plus de deux mois plus tard, je fus très déçu, mais sans pour autant me mettre en quête d'un autre éditeur. Je savais, au fond de moi, que je devais faire confiance à ce verdict, et qu'il n'y avait pas mieux à faire que d'oublier ce texte quelques mois, peut-être une année, et en acquérir le recul suffisant pour que ses défauts me sautent alors aux yeux.

Une dizaine de mois plus tard, ce fut en effet ce qui arriva, et ma déception de ne pas avoir été retenu s'était muée en quelque chose de beaucoup plus objectif : ce texte était absolument mauvais. J'y avais raconté un moment personnel et douloureux de ma vie, sans pudeur ni bonheur, à 99% en autobiographie. L'histoire y était d'une platitude désespérante : un huis clos triste et pessimiste sur un amour manqué, incompris, non digéré, et par conséquent totalement indigeste à la lecture. J'avais confondu littérature et psychothérapie, pour un résultat qui n'avait, par conséquent (et heureusement) pas sa place en librairie.

*Écris ton livre !*

Rapidement, je m'aperçus que seules les cinquante premières pages possédaient le germe de quelque chose qui pouvait être développé. Je jetai donc sans remords tout le reste à la corbeille, et gardai l'idée de ce projet dans un coin de ma tête pour une période plus propice et ultérieure.

Je fis ma vie, professionnelle, personnelle, et aussi familiale, reléguant ma passion pour l'écriture à l'arrière-boutique de toutes ces devantures. Aucun projet littéraire ne tenait d'ailleurs le cap. J'entassai des dizaines de débuts de romans, tous plus mauvais les uns que les autres, et dont je comprends aujourd'hui que le seul défaut commun reposait simplement sur le fait que je ne savais jamais d'avance ce que je voulais en faire réellement.

Comme beaucoup, je rêvais d'être édité par un grand éditeur. Mais ce dont je suis certain, aujourd'hui, c'est que je peux vraiment remercier le comité de lecture qui a refusé mon manuscrit, car, en toute lucidité, je sais que je ne l'aurais jamais assumé !

*Écris ton livre !*

## ON A REFUSÉ MON MANUSCRIT

Malgré tous vos efforts, c'est par l'intermédiaire d'une lettre type que votre éditeur vous a fait part de sa réponse :
« *Nous avons bien reçu votre manuscrit, que notre comité de lecture a examiné avec intérêt.*
« *Malheureusement, il n'a pas paru à nos lecteurs que votre ouvrage fût susceptible de trouver sa place dans la programmation actuelle de notre maison.* »
Au passage, on notera l'emploi parfaitement maîtrisé du subjonctif imparfait, par l'éditeur, afin de vous démontrer que s'il est souvent relégué au rang des temps inutilisés de la conjugaison française, il reste parfaitement usité entre littéraires de bon goût.
« *Vous devez savoir que les impératifs spécifiques des collections, et un programme chargé souvent plusieurs mois à l'avance, nous obligent à des choix sévères, qui parfois nous laissent à nous-mêmes des regrets.*
« *Nous vous remercions d'avoir fait confiance à notre maison, et vous prions de croire à l'assurance de nos meilleurs sentiments.*
« *Le service littéraire.* »

Peu importent toutes les précautions qui auront été déployées pour vous raccompagner jusqu'à la porte, le message est clair, net et précis, et demeure sans appel. Votre déception est immense, et votre frustration est double : d'abord, votre manuscrit a été refusé, et ensuite, on n'a même pas pris la peine de vous expliquer pour quelles raisons exactement. Quel auteur ne se sentirait pas au moins encouragé si, au lieu d'une réponse standard, l'éditeur prenait au moins le temps de rédiger une brève critique personnalisée, qui énumérerait les qualités du texte d'un côté, puis les lacunes à combler de l'autre ?

Hélas, ne vous faites pas d'illusion, ce fantasme ne se réalisera pas ! Vous n'êtes plus à l'école, personne ne vous rendra votre copie avec une note, et encore moins avec quelques lignes bienveillantes en guise de commentaire.

Il va falloir apprendre à vous débrouiller tout seul, comme un grand. **L'auteur est un solitaire : à lui de se révéler dans sa tour d'ivoire. Votre titre d'écrivain ne vous sera accordé que lorsque vous en aurez réellement accepté les conditions.** Plus tard, on vous accordera volontiers toute l'aide dont vous aurez besoin dans le cas où une inexplicable angoisse de la page blanche viendrait soudainement perturber votre rythme de publication, mais pour le moment, prouvez d'abord que vous avez une belle plume ou au moins quelque chose d'original à exprimer.

Donnant donnant.

Si vous souhaitez qu'un éditeur accepte de publier votre manuscrit, vous devez d'abord lui prouver que vous êtes « bancable », et que votre premier livre n'est donc pas un exploit hasardeux que vous ne saurez pas comment renouveler.

Plutôt que de prendre le risque de céder à la déprime ou de vous laisser sombrer dans un sentiment d'injustice, de persécution ou de complot selon lequel des forces obscures se seraient indubitablement liguées contre l'expression du Victor Hugo qui sommeille en

*Écris ton livre !*

vous, **la première bonne question que vous devez vous poser est la suivante : est-ce que mon manuscrit était publiable en l'état ?**

Si vous êtes convaincu que oui, alors je n'ai qu'une seule chose à vous dire : ne baissez pas les bras et retournez sans plus tarder votre tapuscrit (puisque les manuscrits d'aujourd'hui se doivent d'être tapés au clavier) à un nouvel éditeur de votre choix. La chance est avant tout une question de rencontres. Persévérez, et elle finira bien par se manifester.

Par contre, si le moindre doute vous habite concernant votre texte, il n'y a pas d'autre solution que de **recourir à l'avis de personnes plus objectives.** J'insiste sur un point : évitez absolument de confier cette lecture à quelqu'un qui ne pourra s'empêcher de vous retourner un commentaire de complaisance. Des félicitations ou des éloges à n'en plus finir ne vous serviront à rien. Assumez votre part de responsabilité dans « l'échec » que vous venez d'essuyer, et restez convaincu qu'il y a beaucoup plus de chances pour que cet éditeur ait eu raison de refuser ce texte, plutôt qu'il ait commis une bévue en laissant passer le prix Goncourt de l'année prochaine. Bien sûr, personne n'est à l'abri d'un coup de malchance : un stagiaire inexpérimenté aura très bien pu fausser le diagnostic, ou un autre manuscrit lui faire de l'ombre, ou… que sais-je encore, après tout, ce n'est pas l'imagination qui vous fera défaut, n'est-ce pas ? **Mais dans le doute, considérez plutôt ce refus comme une chance à saisir pour ouvrir les yeux sur ce qu'est votre œuvre aujourd'hui, ce qu'elle peut devenir demain, et si elle peut vraiment intéresser des lecteurs autres que vous-même.**

*Écris ton livre !*

En effet, à force de voir certaines personnalités « people » présenter à la télévision des livres sans intérêt, nombreux sont les écrivailleurs persuadés qu'à notre époque, n'importe qui peut publier n'importe quoi. Face à cette médiatisation peu exigeante, le désir de reconnaissance des auteurs inconnus n'a jamais été si grand. À partir de là, on n'écrit plus nécessairement par amour de la langue, mais tout naturellement pour laisser libre cours à l'expression de son mal-être, ses rancœurs et ses frustrations. Constatez vous-même le nombre de récits intimes ou de confidences en tous genres, faisant l'étalage des fantasmes les plus sordides aux traumatismes les plus effroyables. La mode est à l'impudeur, la complainte et la psychothérapie collective. De générations qui ne disaient rien, notre société a engendré, en quelques décennies, des individualités qui voudraient tout dire. La vie privée, reléguée au rang des concepts démodés, est désormais quelque chose que l'on partage sur les réseaux sociaux, que l'on placarde à la vue de tous sur un « mur », et qui n'a de sens que dans l'utilité sociale et les bénéfices que d'autres pourraient en tirer.

Paradoxalement, à travers tous ces déballages que l'on pourrait facilement prendre pour de l'individualisme exacerbé, on assiste peut-être à une évolution majeure de notre espèce : la fin de la pudeur au profit du partage, ou en quelque sorte, la fin des consciences individuelles au profit d'une conscience collective. Mais face à ces changements majeurs, **chez les éditeurs, on s'agace de cette tendance pathologique qu'ont les gens à vouloir raconter leur vie sans se soucier du fait que ce que l'on attend avant tout d'un manuscrit, c'est qu'il soit bien écrit !** On peut très bien, en effet, avoir matière à

*Écris ton livre !*

faire un bon livre avec ses peines, ses joies, ses blessures et ses rendez-vous manqués, mais encore faut-il ambitionner de le faire avec style, panache, ou au moins avec un minimum d'imagination et de rebondissements afin que le lecteur n'ait pas cette impression fortement regrettable d'être en train de s'étouffer avec quelques-unes des pages les plus indigestes de la langue française.

Tout le monde a nécessairement quelque chose d'intéressant à dire et à partager, mais en littérature, la moindre des choses est de savoir comment l'exprimer par écrit.

*Écris ton livre !*

## QUEL AUTEUR VOUDRAIS-JE DEVENIR ?

Je vais vous faire une première confidence : on peut distinguer trois sortes d'auteurs, et si vous ne parvenez pas à vous inclure dans l'une ou l'autre de ces trois catégories, devenir un écrivain n'est peut-être pas le bon objectif à viser pour le moment.

**La première catégorie d'auteurs est constituée de celles et ceux qui sont véritablement attentifs à la qualité de l'expression.** Peu importe l'histoire, ils sont capables de vous construire un chef-d'œuvre simplement parce que chaque terme y a son importance. Chaque sonorité. Chaque figure de style. Un exemple qui me vient à l'esprit est celui du roman *Le Désert des Tartares*, de Dino Buzzati, où toute la vie du héros est bâtie sur l'attente d'un événement qui ne surviendra pas. Écrire au sujet de cette chose étrange que l'on ne peut observer que lorsque rien ne se passe (le temps), ne serait sans doute pas la première idée que retiendrait celui qui n'a pas un minimum de considération pour la qualité littéraire réelle de ce qu'il va écrire.

Les ouvrages classiques (peut-être parce que l'on tient ici une des raisons qui font qu'un texte, au-delà des thèmes universels et intemporels, finit par devenir un classique) regorgent d'auteurs appartenant à cette catégorie. Pensez par exemple à ce fameux Proust, rejeté par Gallimard pour la longueur « interminable » de ses descriptions.

*Écris ton livre !*

« Il y avait bien des années que, de Combray, tout ce qui n'était pas le théâtre et le drame de mon coucher, n'existait plus pour moi, quand un jour d'hiver, comme je rentrais à la maison, ma mère, voyant que j'avais froid, me proposa de me faire prendre, contre mon habitude, un peu de thé. Je refusai d'abord et, je ne sais pourquoi, me ravisai. Elle envoya chercher un de ces gâteaux courts et dodus appelés Petites Madeleines qui semblent avoir été moulés dans la valve rainurée d'une coquille de Saint-Jacques. Et bientôt, machinalement, accablé par la morne journée et la perspective d'un triste lendemain, je portai à mes lèvres une cuillerée du thé où j'avais laissé s'amollir un morceau de madeleine. Mais à l'instant même où la gorgée mêlée des miettes du gâteau toucha mon palais, je tressaillis, attentif à ce qui se passait d'extraordinaire en moi. Un plaisir délicieux m'avait envahi, isolé, sans la notion de sa cause. Il m'avait aussitôt rendu les vicissitudes de la vie indifférentes, ses désastres inoffensifs, sa brièveté illusoire, de la même façon qu'opère l'amour, en me remplissant d'une essence précieuse : ou plutôt cette essence n'était pas en moi, elle était moi. J'avais cessé de me sentir médiocre, contingent, mortel. D'où avait pu me venir cette puissante joie ? Je sentais qu'elle était liée au goût du thé et du gâteau, mais qu'elle le dépassait infiniment, ne devait pas être de même nature. D'où venait-elle ? »

Marcel Proust – *Du côté de chez Swann*

La deuxième catégorie d'auteurs est composée, quant à elle, de celles et ceux qui

*Écris ton livre !*

**débordent d'imagination.** Certains s'offusqueront de cette étrange classification de ma part, prétextant qu'aucun auteur sans un minimum d'imagination ne peut parvenir au bout d'un projet d'écriture, ce qui est en partie vrai, mais construire des histoires parallèles qui se recoupent, écrire des thrillers captivants et maîtriser l'art de la chute n'est pas donné à n'importe qui, et je peux vous affirmer que l'on peut ainsi écrire des tas d'histoires passionnantes sans avoir à se soucier le moins du monde de son style.

Parmi les auteurs contemporains à succès, nombreux sont ceux qui appartiennent à cette catégorie. L'auteur Bernard Werber en est à mes yeux un bon exemple : il avoue sans complexe consacrer les trois quarts de son travail à construire la structure de ses romans, et le quart restant, seulement, à les écrire (ce qui a de quoi faire bondir les amoureux des auteurs de la première catégorie). Marc Lévy ou Guillaume Musso, pour ne pas les citer, accusent quant à eux suffisamment les reproches de la critique pour savoir qu'ils ne sont pas près de se voir attribuer la palme des plus belles phrases de la langue française, et en toute objectivité, devraient-ils y accorder de l'importance ? À la lecture de chacun de leurs romans, des centaines de milliers de lecteurs y trouvent leur plaisir, la magie de l'histoire opérant à merveille pour faire oublier tous les divers soucis du quotidien. Ce genre de littérature n'a-t-il donc pas tout autant de légitimité que tous les ouvrages des écrivains réputés pour l'excellence de leur style ?

À méditer : **Bernard Werber explique, lors de ses ateliers d'écriture, que l'on peut très bien écrire des pages entières en faisant de très belles phrases, mais si aucun lecteur n'a pour autant envie de les**

*Écris ton livre !*

lire parce que ce qu'elles racontent ne donne pas envie de découvrir la suite, est-ce que cela fera de vous un auteur ?

**Posez-vous cette question et répondez-y sans baratin ni mauvaise foi : est-ce qu'un auteur sans lecteur est vraiment un auteur ?** Quel est le rôle véritable du lecteur pour un auteur ? N'est-ce pas un peu le lecteur qui fait l'auteur... tout autant que l'auteur fait le lecteur ? Dans cet univers ambigu qui se développe autour d'un livre, je crois qu'il existe une espèce de relation à trois où tout devient bancal si un seul d'entre eux manque à l'appel. Qu'en pensez-vous ?

Cette deuxième catégorie possède pourtant ses fervents détracteurs, particulièrement actifs du côté des critiques, dont la plupart sont des anciens élèves de la filière littéraire. Pour avoir eu la chance de faire moi-même des études supérieures, je sais que si étudier permet au prime abord de s'ouvrir davantage l'esprit, le fait de devoir obtenir un diplôme (dans les filières non scientifiques en tout cas) et de gagner la reconnaissance de ses pairs, implique, de manière incontournable, la soumission à un certain modèle de pensée. Entamer des études littéraires vous modifiera immanquablement le plus anodin des plaisirs de lire en une vision de plus en plus étroite et sélective sur ce qu'est la littérature, ce qu'est un bon livre, et par conséquent ce que doit absolument être un bon livre. Là où l'école primaire avait peut-être réussi à vous transmettre l'amour de la lecture, l'université saura user de tous les moyens en sa possession pour vous contraindre à vous limiter convenablement dans ce plaisir, afin de vous permettre de faire partie intégrante de la caste supérieure des personnalités bien-pensantes du monde des Arts et des

Lettres. De la théorie de la littérature à la doctrine pure et simple (et ce, avec toutes les conditions restrictives que cela peut comporter), il n'y a qu'un tout petit fossé, que quelques années d'études spécialisées suffisent largement à franchir.

À chaque fois que vous verrez un critique s'énerver du manque de style d'un auteur à succès, désormais, vous le regarderez faire son show en comprenant qu'au-delà des apparences de l'individu jaloux et frustré (j'aime garder l'espoir que tout ne doit pas être aussi simple), il ne s'agit en réalité que d'un intellectuel bien discipliné qui, à force d'avoir trop étudié, s'est mis des œillères à sa vision du monde des livres. Pour peu que certains médias, encourageant les dérives d'une époque qui accorde de plus en plus de mérite à la critique assassine qu'à la diversité créative, lui aient permis d'accéder à une certaine renommée, votre exercice sera d'autant plus difficile. Mais entre nous, les choses ne sont-elles pas plus plaisantes, lorsque derrière le masque du bourreau, on entrevoit la victime ?

Et puis vous savez, il y a toujours une part de provocation, chez ces gens-là. Le snobisme du microcosme littéraire est ainsi fait : succès rime toujours avec suspect, comme si devenir populaire était absolument incompatible avec le talent. Comme le souligne Claude Lelouch au sujet du cinéma, un art qui rencontre exactement les mêmes problèmes avec la critique, avant de vouloir faire quelque chose, posez-vous d'abord la question de savoir si vous préférez avoir du succès ou avoir du talent, car pour obtenir les deux, ce sera beaucoup plus difficile !

Si cela vous agace, vous offusque ou vous semble disproportionné, essayez de rester calme et de conserver un peu de « compassion » pour ces

## *Écris ton livre !*

chroniqueurs qui n'ont en réalité que leurs virulentes critiques pour captiver votre attention. Certaines personnes iraient jusqu'à vous tabasser pour vous faire entendre qu'elles ont raison au sujet de leur équipe de foot qui a bien mieux joué que la vôtre, de vos fringues qui ne sont plus à la mode ou encore de la couleur mauve de leurs chaussures qui n'a décidément rien à voir avec le violet hideux du dernier papier peint de votre chambre à coucher. Ces débats insensés m'ont toujours laissé perplexe et vous savez ce que je crois ? Vous n'êtes pas responsable de ce que refusent d'entendre les autres. À chacun sa manière de voir les choses, à chacun son parcours, sa génétique, son éducation, ses a priori et ses bêtises. Chacun voit midi à sa porte et aura toujours raison à sa manière dans un monde où l'on préfère s'écouter soi-même plutôt que d'écouter vraiment les autres. Toutes ces hystéries verbales ne sont qu'inutiles dépenses de salive, spectacles éphémères de pantins démantibulés qui s'empêchent mutuellement de profiter des vrais moments précieux que la vie nous offre.

**Pour finir, dans la troisième catégorie d'auteurs, vous trouverez simplement toutes celles et ceux qui possèdent à la fois l'imagination débordante…** tout en se souciant de faire honneur au patrimoine inestimable que constitue une langue.

Relisez simplement quelques classiques de Jules Verne et Victor Hugo, et vous aurez une idée à peu près précise de ce dont je veux parler.

En revanche, pour les auteurs contemporains, citer des exemples serait beaucoup plus périlleux de ma part. Certains se battraient bec et ongles pour faire

*Écris ton livre !*

valoir le droit de certains auteurs actuels à figurer parmi cette dernière catégorie, tandis que d'autres refuseraient tout bonnement de considérer ces personnes comme des écrivains. Qui a raison, qui a tort ? Les années se chargeront peut-être d'en décider. Doit-on vraiment aller jusqu'à prendre le risque de déchaîner des débats sanglants pour des histoires de style, et tout ça au nom de l'élitisme intellectuel ? Avoir du style, n'est-ce pas également être capable de trouver et imposer le sien ? Écrire de belles pages comme il s'en écrivait au XIX$^{ème}$ siècle est certes une performance, mais refuser de vivre et évoluer avec son temps n'est pas forcément une marque d'intelligence. D'après le philosophe Michel Serres, 35 000 nouveaux mots auraient fait leur apparition durant les vingt dernières années, contre 4000 à l'époque de Richelieu. Toute société évolue, avec ses mentalités, ses idées et ses expressions. **Pour moi, les choses sont simples : ou bien la littérature dresse à sa manière un portrait de cette réalité à un moment donné, ou bien elle permet de s'en évader pour d'autres mondes imaginaires.**

Emportez le lecteur là où vous voulez, dans votre monde ou loin de ce monde, rendez-lui les émotions que ses responsabilités d'adulte lui ont confisquées, offrez-lui une autre vie, la richesse et les voyages, accordez-lui le rêve, l'amour, l'aventure, l'évasion et les rencontres improbables, et il vous adulera, pour ça.

Mais si vous n'avez que votre misère intime à lui proposer, avec sa vie en duplicata à l'intérieur, même si cela menace de vous déclencher un cancer du nombril si vous ne la partagez pas, par pitié, un peu de décence : restez un auteur du placard, et restez-y !

*Écris ton livre !*

*Écris ton livre !*

> MON EXPÉRIENCE PERSONNELLE :
> Des années gâchées à tout vouloir intellectualiser

J'ai découvert le plaisir d'écrire à l'âge de 13 ans. J'ai toujours été à l'aise avec les exercices de rédaction, à l'école, mais cela s'est ancré beaucoup plus profondément en moi à partir du moment où, en fin de classe de cinquième, une fois que les bulletins de fin d'année avaient déjà été distribués, la prof de français nous invita à écrire une petite nouvelle de science-fiction sur le thème des voyages dans le temps. Le fait que ce devoir ne fût pas noté constituait pour moi un tel champ de liberté que je rendis une copie de 16 pages. Quelques jours plus tard, mon tempérament plutôt réservé essuya quelques gênants éloges, et la prof, emballée, me demanda la permission de conserver mon travail (j'en avais une copie). Ce qui me semble important de souligner au sujet de cette vieille anecdote, c'est que c'était la disparition de la crainte d'être hors sujet, d'en faire trop, ou même que l'on puisse penser que cette rédaction n'était pas de moi, qui m'avait en réalité totalement libéré. Jamais, au cours de l'année, je n'aurais osé rendre une rédaction aussi longue. La vérité, c'est que sans m'en rendre compte, j'avais cette fois-ci laissé libre cours à mon inspiration sans me soucier des intentions.

**J'avais échappé au conformisme pour libérer ce qu'il y avait de meilleur en moi.**

Par la suite, à partir du lycée, je crois que l'étude des textes sous la forme de commentaires composés (l'analyse des champs lexicaux et des thématiques abordées, des rapprochements aux courants littéraires de l'époque, des influences du vécu de l'auteur, etc.)

*Écris ton livre !*

auront rudement nui à cette spontanéité d'écriture qui a pourtant l'avantage, à mes yeux, de souvent contenir la petite étincelle de départ nécessaire à la libération de l'imaginaire.

Durant mes études supérieures d'architecture (où tout l'enseignement tourne autour de la maîtrise de principes conceptuels qui, s'ils sont amenés de manière assez convaincante, permettent de justifier n'importe quel projet au final), cette façon de pensée qui privilégie l'analyse à l'expression eut des répercussions désastreuses sur tous mes écrits. J'aimais écrire, mais tout ce que j'écrivais se voulait nourri d'une intention de départ qui était toujours trop ambitieuse, trop structurée et idéalisée. À vouloir mettre beaucoup de choses dans ses écrits, on finit par ne rien y mettre du tout. La théorie contraint, la doctrine restreint, et la théorie et la doctrine avancent toujours main dans la main. À un moment donné, je crois que le vrai déclic relève beaucoup plus du lâcher-prise que de l'élaboration conceptuelle du projet. **Faites de la littérature ou faites de la critique littéraire, mais surtout, lorsque vous vous attelez à l'écriture de votre ouvrage, ne cherchez pas à faire les deux !**

À vouloir absolument faire partie de cette première catégorie d'auteurs « qui écrivent bien », mais surtout parce que mon intention s'accompagnait d'une trop grande intellectualisation de ce que je voulais écrire, j'ai peut-être travaillé à une meilleure maîtrise de mon style, mais néanmoins au détriment d'une réelle concrétisation de tous les beaux projets que j'avais. Si j'avais pris la peine de regarder en face l'existence de ces trois catégories d'auteurs détaillées précédemment, je crois que j'aurais gagné beaucoup de temps.

*Écris ton livre !*

Ne tournez pas en rond pendant des années en croyant qu'il n'y a que deux catégories d'auteurs, avec les bons d'un côté, et les mauvais de l'autre. Comme je l'ai moi-même expérimenté à mes dépens, vous n'en tirerez que ce regard analytique qui vous freinera encore plus dans vos élans.

Libérez votre mental, interdisez-vous le contrôle, laissez-vous guider par l'inspiration sans forcément chercher à immédiatement la comprendre, et **durant la première phase d'écriture, lâchez-vous !**

Pour la cohérence de l'ensemble, ne vous inquiétez pas, une autre étape existe spécialement pour ça : le travail de réécriture... et vous n'y échapperez pas !

*Écris ton livre !*

## QU'EST-CE QUE L'ÉCRITURE ?

Pour commencer, prenons le temps de démolir une croyance infondée selon laquelle les écrivains rouleraient sur l'or. **Savez-vous que 98% des écrivains ont un second métier ?** En effet, 60% d'entre eux ne touchent jamais d'à-valoir, et seulement un tiers peut s'estimer heureux du fait que leurs publications leur assurent plus de 10% de leurs revenus. Sachant que les droits d'auteurs accordés par les éditeurs se situent en moyenne à 10% du prix du livre (plus souvent à 8% concernant la première publication d'un auteur inconnu), **un écrivain doit vendre 15 000 exemplaires par an de ses livres pour commencer à en vivre réellement.**

D'après une enquête effectuée en 2008 par le site Rue89, **seulement 150 auteurs français vivraient réellement de leur plume.** Le magazine Lire, quant à lui, se montrait encore plus pessimiste, lors du Salon du Livre de 2007, avec une estimation calée à 50 écrivains seulement. Si ce chiffre reste difficile à déterminer précisément, il est évident que si pour ces heureux élus, l'écriture peut rapporter gros, il n'en demeure pas moins que très peu d'écrivains vivent de leur plume.

Par conséquent, je crois que la question la plus importante à se poser avant de vouloir devenir un écrivain est la suivante : est-ce que l'écriture est pour moi un moyen d'obtenir quelque chose, ou est-elle simplement un désir d'exprimer tout l'univers que je porte en moi ? Comme le conseille Bernard Werber, « si

*Écris ton livre !*

vous écrivez pour gagner de l'argent ou devenir célèbre, renoncez ! »

**L'écriture, bien plus qu'un plaisir, est d'abord un besoin, une nécessité.** Aucun projet ne pourra jamais aboutir si écrire demeure pour vous une corvée. Certains détracteurs y voient parfois une discipline à la limite de la psychothérapie. Et alors ? Aucune activité créative n'est envisageable sans que l'on accepte d'y déverser un minimum de soi. **Toute œuvre littéraire est une autofiction déguisée, consciente ou inconsciente, dont l'auteur se fait le filtre plus ou moins discret.** Prenez seulement garde de bien diluer l'authenticité de votre personnalité dans une démarche dans laquelle c'est l'imagination, qui prend les rênes. Utilisez vos faiblesses pour en faire une force. Ne cédez ni à la complainte, ni à l'analyse. Tous les lecteurs ne sont pas psychanalystes, et même pour ceux d'entre eux qui le seraient, il n'est pas du tout certain que faire des heures supplémentaires à vous lire les enchante. Succomber à l'usage des mots pour exorciser ses maux est un procédé très répandu chez les écrivains, mais ce type d'écriture ne devient littérature que lorsqu'elle parvient à titiller de très près l'universalité des êtres. Les lecteurs n'ont aucun intérêt à s'intéresser à qui vous êtes. Ils ne vous connaissent pas et n'ont pas besoin de vous connaître. Ils ont leur vie et cette vie fonctionne très bien sans vous. Vous devez leur apporter un texte qui puisse refléter leurs propres sentiments, leurs propres égarements et leurs propres espoirs.

*« Un livre doit être la hache qui fend la mer gelée en nous. »*
Franz Kafka

**Gardez toujours en mémoire qu'un lecteur ne s'intéressera à vos écrits que si vos mots sont un miroir dans lequel il puisse se reconnaître.**

L'autofiction est un choix très exposé à la critique et au dénigrement, car beaucoup y voient un prétexte au nombrilisme ou à la thérapie. Néanmoins, à toutes les époques, il y a toujours eu des écrivains qui ont su trouver dans leur propre vie la matière essentielle à fournir à leur imagination. Dénigrer l'autofiction, c'est rayer *À la recherche du temps perdu* de la liste des œuvres littéraires remarquables. C'est également renier des auteurs comme Céline, Pagnol, Saint-Exupéry... et combien d'autres encore ?

**L'écriture est une exploration solitaire qui mène à la compréhension de l'âme humaine.**

> *« Nous ne recevons pas la sagesse, il faut la découvrir nous-mêmes, après un trajet que personne ne peut faire pour nous, ne peut nous épargner. »*
> Marcel Proust

N'ayez pas peur de vous découvrir ! Plongez dans les abysses de votre personnalité et vous ouvrirez ainsi vos sens à une meilleure perception de la nature humaine en général. Cessez de vous croire différent : nos différences ne sont que diverses manières d'exprimer notre universalité. Explorez votre côté sombre, descendez au plus profond de vos refoulements, comprenez les mécanismes psychologiques qui vous animent, lisez Freud, lisez Lacan, lisez Schopenhauer, Kafka et Cioran, soyez curieux, essayez de comprendre, d'entrevoir les similitudes parmi la diversité, de décortiquer les réflexes comportementaux derrière les caractères, et dénichez-y les premières pépites de votre inspiration, ramenez-en les trésors qui feront toute la richesse et la crédibilité de vos futurs personnages.

Je crois qu'un bon écrivain possède cette étrange faculté de porter un regard clairvoyant sur ses congénères. Son matériau essentiel, au-delà de l'imagination, reste avant tout l'humain. Le meilleur exemple que je puisse apporter à ce point de vue est le livre que j'emporterais certainement avec moi si je devais partir sur une île déserte : *Le petit Prince*. Au-delà du conte pour enfant, ce livre ne demeure-il pas la meilleure parabole que Saint-Exupéry ait pu nous léguer à propos de la nature humaine ?

Mais inutile de s'attarder plus longuement sur ces considérations, car l'écriture ne se contente pas de savoir. Le plus difficile reste encore à faire : **c'est en écrivant, et seulement en écrivant, que l'on devient écrivain !**

On juge une belle plume à la singularité de son style, et la meilleure façon de se constituer un style à part n'a pas grand chose à voir avec le talent : car en écriture, le talent, c'est 95% de réécritures. Pour devenir écrivain, commencez donc d'abord par écrire ! Cela peut paraître idiot mais l'inspiration aura beau venir tambouriner à votre porte de manière régulière et incessante, **votre ouvrage ne se construira que chapitre après chapitre, phrase après phrase, mot après mot, et lettre après lettre.** Il faut avoir déjà écrit des centaines de pages pour savoir ce dont je veux parler ici. Le néophyte n'a pas idée de tout le travail

*Écris ton livre !*

qu'il faut abattre avant de pouvoir tenir entre ses mains le premier fruit consommable de son imagination, même la plus débordante.
**Écrire, ça s'apprend.** N'écoutez pas cette vieille légende urbaine selon laquelle certaines personnes seraient dotées de ce talent, et d'autres pas. La vérité est que certains caractères sont plus prédisposés que d'autres à l'introspection et au travail solitaire, deux des caractéristiques principales de l'acte d'écriture, mais l'angoisse de la page blanche, c'est de se retrouver là devant sa feuille (ou son écran) comme un navigateur face à l'océan, et pensez-vous que ce navigateur soit né en sachant d'emblée comment se repérer dans cette immensité et comment s'y déplacer grâce à la force des vents dans ses voiles ? Non. Il a appris. Et vous savez quoi ? Pour l'écrivain, c'est pareil.

Certains n'ont pourtant pas de style, dites-vous ? Peut-être. Peut-être leur manque-t-il l'expérience, ou encore l'audace d'assumer leur propre personnalité ? **Combien de temps faut-il, avant de réellement oser être soi-même ?** Cela peut être long. Cela exige de la maturité. On peut très bien avoir soixante ans sur sa carte d'identité et ne jamais s'être vraiment trouvé, vous savez ? Le quotidien nous place sur des rails, nos responsabilités nous obligent à endosser des rôles différents au cours de la journée, et il s'en faut parfois de peu pour que les personnalités, à peine développées, se retrouvent forcées à évoluer masquées.

Par conséquent, considérez que **l'écriture est une aventure. Votre aventure.** Vivez-la en allant au bout de vous-même. Ouvrez-vous aux autres, et les lecteurs viendront à vous. Votre style sera votre balluchon, vos histoires seront vos cartes et vos boussoles. Ces mots paraîtront sans doute peu de choses, mais je ne cherche vraiment qu'à vous encourager. L'écriture est une noble passion qui consiste à vouloir offrir aux autres les plus beaux voyages qui ne semblent pourtant vouloir n'exister qu'en soi.

Mais la seule et unique angoisse qui vous freine, pour le moment, c'est : comment vient-on à bout d'un manuscrit ?

À défaut de vous souffler LA bonne méthode à appliquer, je vous suggère une petite liste de départ on ne peut plus exhaustive. Pour mener un projet d'écriture à son terme, **assurez-vous de vous équiper de ces 5 bagages :**

- une imagination riche et fertile
- l'envie d'écrire
- la maîtrise de l'écriture
- un engagement réel et régulier
- la patience de la réécriture

## UNE IMAGINATION RICHE ET FERTILE

Le premier ingrédient est directement lié à votre personnalité : vous l'avez… ou vous ne l'avez pas ! Mais si vous êtes en train de lire ces lignes, j'imagine que cette question ne se pose pas. Vous aimez d'abord écrire parce que vous avez un monde parallèle qui s'est petit à petit constitué en vous, fait d'imagination plus ou moins riche et débordante, et il est naturel que vous ayez envie de le partager.

Pour développer cette imagination, **je vous invite à vous ouvrir à un maximum de disciplines.** En effet, le cerveau est fait pour établir des connexions. Lorsque vous regardez des nuages passer dans le ciel, votre esprit ne peut se satisfaire de formes méconnaissables. Il a besoin de dresser des comparaisons, des similitudes, et de trouver ainsi un moyen de rapprocher ces images informelles de concepts qu'il connaît déjà. En psychanalyse, le test des tâches de Rorschach est une excellente illustration de cette réalité. Chaque personne voit (ou plutôt projette mentalement) ce que son esprit veut bien lui montrer. Certains percevront des personnages, des visages, des créatures mythologiques ; d'autres rapporteront des connotations sexuelles, etc.

Plus vous entraînez votre cerveau à effectuer des connexions nouvelles, plus vous stimulerez votre imagination. Allez à un spectacle de danse ou un concert de musique classique, laissez-vous imprégner des émotions qui se réveillent en vous, repérez les jeux

*Écris ton livre !*

entre les instruments ou les danseurs, leur façon de se confronter et se répondre : ne pouvez-vous pas transposer ces données visuelles et auditives à l'élaboration d'une structure narrative, où les instruments deviennent des personnages à part entière, évoluant au fur et à mesure du spectacle ?

**Intéressez-vous également à la diversité des caractères et des activités humaines.** Que savez-vous de l'éboueur qui s'active en bas de chez vous ? Où vit-il ? A-t-il une famille ? Quelles pourraient être ses passions ? Pourquoi est-il éboueur ? Votre voisine d'en face est danseuse à l'opéra ? Essayez d'imaginer, par exemple, ce qui pourrait leur arriver à tous les deux s'ils se retrouvaient coincés dans l'ascenseur d'un immeuble de bureaux, durant un week-end entier sans que personne ne puisse venir les secourir. De quoi pourraient-ils parler ? Se trouveraient-ils des points communs ? Libérez votre imagination en l'obligeant à se confronter à des mondes que tout oppose en apparence. Une pratique fréquente d'exercices de ce style décuplera inévitablement votre potentiel à ce niveau.

**Ne manquez aucune occasion de vous exercer. Soyez patient et persévérant.** Rédigez vous-mêmes vos cartes de vœux et vos messages d'anniversaires. Soyez créatifs. N'abandonnez pas devant la moindre difficulté. Un plâtrier ne maîtrise son matériau et ses outils qu'à force d'expérience, la virtuosité d'un pianiste provient d'abord de la maîtrise de ses gammes, la grâce d'une danseuse ne prend forme qu'au bout d'années entières de rigueur et de répétitions, et même les plus grands peintres font leurs études aux Beaux Arts. Il semblerait qu'il n'y ait que le métier d'écrivain qu'on ne puisse enseigner en France. Seule l'Université du Havre (et seulement depuis la rentrée 2012) propose à ses étudiants un « master lettres et création littéraire », inspiré des « workshops of creative writing » qui existent pourtant depuis plus d'un demi-siècle dans les universités anglo-saxonnes, et d'où sortent d'ailleurs bon nombre d'auteurs dont le talent laisse rêveur (John Irving, Jerome David Salinger, Jay McInerney, Franck Conroy...)

**Si vous avez des enfants, prenez l'habitude de leur raconter des histoires.** Demandez-leur quels personnages ils souhaitent voir évoluer. Des animaux ? Des enfants ? Y aura-t-il des sorcières, des fées, des dragons, des schtroumpfs ? Qui sera le plus méchant ? Quel sera son pouvoir ? Comment les gentils pourront-ils s'en sortir ? En vous posant toutes ces questions, vous détiendrez la liste de tous les éléments clés de votre récit. À vous d'imaginer, maintenant, comment les mettre en scène pour que votre histoire soit une bonne histoire. Les enfants sont un excellent indicateur pour savoir si votre narration est ennuyeuse ou si vos rebondissements valent le coup. Ils ne tricheront pas. Ils ne prendront pas de gants pour vous faire part de leur désintérêt total si ce que vous leur racontez est d'une platitude déconcertante. Jouez également avec eux, construisez-leur des bateaux, des châteaux et des arbres géants en Lego® ou en Kapla®, dans lesquels ils pourront faire évoluer leurs personnages à eux. En participant au développement de leur imaginaire, ce sera votre imagination à vous, que vous solliciterez. D'une pierre deux coups : votre devoir éducatif, et votre développement personnel. Tout ça dans l'amour familial. Que demander de mieux ?

**Autre levier envisageable, et complémentaire : la relaxation.** Allongez-vous confortablement sur le dos dans un endroit calme dans lequel on ne viendra pas vous interrompre. Fermez les yeux et visualisez tour à tour les sept couleurs de l'arc en ciel, en restant le plus longtemps possible sur chacune d'entre elles. Imaginez également que votre corps devient de plus en plus lourd au fur et à mesure de vos expirations. Essayez de ralentir les battements de votre propre cœur. Expérimentez par vous-même à quel point l'esprit peut agir sur son propre corps. Visualisez aussi le cadran d'une horloge avec sa trotteuse qui en fait méthodologiquement et inlassablement le tour... Faites-lui effectuer sa rotation en sens inverse. Transformez-la en bille de couleur, roulant tout autour du cercle, puis imaginez-la rejoindre le centre du cercle dans un mouvement de spirale...

Ces exercices, qui pourraient paraître simples à la lecture, mais qui le sont beaucoup moins à la réalisation, renforceront votre capacité à vous concentrer.

**Sans concentration, l'imagination ne restera toujours pour vous qu'un cheval sauvage que vous ne parviendrez jamais à monter.**

*Écris ton livre !*

## MON EXPÉRIENCE PERSONNELLE :
### Assumer ses écrits grâce à un blog

C'est en 2006 que je me suis décidé à passer du côté actif des blogs. Certains voient à travers ce mode d'expression une espèce d'apogée de notre société individualiste, qui n'a de communication qu'en se regardant son propre nombril. C'est en partie vrai, notamment lorsque les blogs sont des moyens pour les internautes, surtout chez les ados, d'exprimer la quête de leur propre personnalité. Mais il n'en demeure pas moins que beaucoup d'entre eux sont de véritables champs d'expression totalement libres et gratuits, et dans des niches parfois très spécialisées. Le fait de pouvoir partager avec les autres un savoir au-delà de toute préoccupation mercantile constitue à mes yeux une révolution à la hauteur de l'invention de l'imprimerie par Gutenberg. Battons-nous pour que les pouvoirs publics, par le biais de leurs institutions diverses et variées, ne viennent étouffer ce grand espace d'expression démocratique en y appliquant toute une série de lois liberticides. Sachons préserver ce privilège, saluer ce progrès universel et majeur, et profiter de ces outils merveilleux qui nous sont offerts.

Un blog, pour l'apprenti auteur, c'est en effet la possibilité de partager ses textes, quels qu'ils soient, avec des lecteurs qu'il ne connaît pas et avec qui il peut donc se dévoiler sans crainte ni honte.

Pour ma part, cette perspective changea ma façon de considérer l'écriture, et c'est d'ailleurs de cette manière que « Charlie Bregman » est né. Pas encore prêt à assumer cette passion au grand jour, j'avais besoin d'opérer incognito via un pseudonyme. **L'écriture est** une façon d'être soi-même, de chevaucher la liberté à sa façon sans se soucier du qu'en dira-t-on. Pour peu que vous manquiez de confiance en vous, écrire peut très vite prendre les apparences d'une activité honteuse, que dévoiler au grand jour relève du véritable « coming out ». Certains pourraient croire que cette comparaison n'est qu'une simple exagération de ma part, mais ce ne sera pas le cas de celles ou ceux qui ont pris l'habitude, dès leur plus jeune âge, d'effectuer leurs divers choix de vie en fonction du plaisir que chacune de leurs décisions pourra procurer à leurs proches. Ces personnalités introverties et « gentilles », qui ne peuvent s'empêcher de rechercher l'approbation des autres dans tout ce qu'ils peuvent entreprendre n'existent que dans le regard que les autres veulent bien porter sur eux. Ils ont besoin de compartimenter leurs façons d'être en fonction des gens avec lesquels ils se trouvent, d'adapter leurs comportements selon les situations sociales, et de cultiver quelques jardins secrets dont personne ne pourrait soupçonner l'existence.

C'est pourquoi, étant donné que je faisais partie de ces gens-là, l'usage des blogs m'aura beaucoup aidé à franchir cet insurmontable obstacle qu'il existe parfois entre écrire pour exprimer les choses que l'on ne peut pas dire, et écrire tout court. En publiant vos ébauches de textes, vos recherches de style, vos explorations diverses au travers de votre propre imaginaire, en affichant tout cela aux yeux d'autres personnes que vous, **votre écriture va commencer à se soucier de l'avis de vos lecteurs, ce qui est le premier déclic à obtenir lorsqu'on caresse l'ambition de passer d'une écriture de soi à des publications pour les autres.**

*Écris ton livre !*

En plus d'avoir des répercussions sur votre style, ce passage à l'acte vous permettra également d'établir des contacts qui, même virtuels, n'en demeureront pas moins d'une richesse insoupçonnée. S'il est exact que l'on ne choisit pas ses collègues ou sa famille, vous constaterez par vous-même qu'il est très facile, sur la toile et principalement dans la blogosphère, de se découvrir des affinités réelles avec certaines personnes, passionnées comme vous, et qui ne manquent souvent vraiment pas de talent.

*Écris ton livre !*

## L'ENVIE D'ÉCRIRE

Les chapitres précédents étaient destinés à vous confronter non pas à mes points de vue très subjectifs sur la littérature et l'acte d'écriture, mais plus précisément à votre propre envie d'écrire et au fait qu'il ne peut y avoir de projet parfaitement abouti sans un minimum de ténacité, étant donné l'extrême difficulté à se frayer un passage, dans ce domaine, jusqu'à ce que l'on pourrait vraiment qualifier de succès.

Les places sont limitées ; les éditeurs restent avant tout des entrepreneurs qui ont de plus en plus de mal à assumer la part de risque à lancer le premier roman d'un auteur inconnu ; vivre de sa plume, pour ne pas aller jusqu'à parler d'utopie, semble manifestement relever de l'exploit... Face à ces réalités peu encourageantes, qui pourraient facilement vous faire l'effet d'une déchiqueteuse qui trace implacablement sa route sur les plus belles pages de vos manuscrits pas encore aboutis, il va falloir rester debout et y croire.

**Votre envie d'écrire ne doit pas être refoulée au plus profond de vous-même.** Vous avez quelque chose à exprimer, vous aimez lire, vous aimez les histoires, vous en avez des tonnes qui se bousculent en vous sans que vous n'ayez encore les capacités de les mettre au monde, mais cela va changer : pour la simple et bonne raison que vous pouvez le faire ! **Tout cela n'est finalement qu'une question de prédispositions, de motivation, de travail, de ténacité et de patience.** Dès lors que vous reconnaissez avoir ces deux prédispositions initiales à l'introspection et au travail solitaire, tout le reste ne constitue finalement qu'un défi pas plus insurmontable qu'un autre.

Je pense que vous aurez également saisi l'importance de décider dès le départ quel type d'auteur vous auriez le plus de facilité à devenir parmi ceux qui, pour schématiser, écriraient des petites histoires avec des grandes phrases, ceux qui vous tiendraient en haleine avec de grandes histoires racontées avec de toutes petites phrases, et ceux qui seraient capables de tout faire en grand à la fois (après tout, à chacun ses ambitions).

Une fois que ces choses-là deviennent plus claires dans votre tête, que votre écriture arrête de se chercher, que vos brouillons ne jouent plus aux explorations, et que votre style commence à s'ancrer, **à partir de maintenant, c'est votre envie d'écrire, qu'il va falloir bichonner.** Cette jeune pousse très prometteuse, il va falloir vous en occuper, l'arroser, en prendre soin et éviter que les autres gens, la vie, les impératifs du quotidien et le besoin de gagner son pain, se mettent à la piétiner.

Comment sauver l'envie ?

Chaque semaine, dès le lundi matin, vous vous levez avec une liste de besognes plus ou moins longue qui vous tombe dessus. Votre vie entière est construite sur ces responsabilités que vous devez assumer, ces engagements que vous avez pris, et ces rôles qui sont les vôtres. Que vous ayez une famille à charge, avec des enfants à réveiller, à laver, à habiller, à nourrir, à emmener à l'école, à récupérer, à éduquer, à instruire, à distraire et à coucher, des horaires de travail, avec des

*Écris ton livre !*

déplacements, des rendez-vous, des impératifs, des délais, du stress et des soucis, des tâches ménagères, des papiers à archiver, des administrations à contacter pour des évidences à justifier, des appareils à faire réparer, des courses à effectuer, de l'argent à rentrer pour des tas de factures à payer, votre vie ressemble à une série d'épreuves interminables qui ne vous laisse pas le moindre répit pour vous épanouir sereinement à l'instar des beaux figuiers qui se laissent pousser au soleil toute la journée.

Dans ce combat de tous les jours, auquel je vous souhaite sincèrement de ne pas avoir à mêler les soucis de santé, il est impératif de vous aménager des moments de détente réelle, à l'abri de toutes ces tensions qui vous pompent votre énergie et font de vous le jouet périssable de celles et ceux qui ont eu la chance de naître dans une position sociale plus confortable que la vôtre.

**Préserver des moments pour soi est la seule et unique possibilité que vous ayez pour vous éviter de croire que le meilleur de votre existence est déjà bien loin derrière vous.** Pour vous épanouir, ou tout simplement éprouver à petites doses essentielles ce qu'est le bonheur de vivre, vous avez besoin de vous retrouver face à vous-même un minimum de temps chaque jour ou au moins de façon régulière.

Votre envie d'écrire ne restera en vie qu'à cette condition : aménager du temps et créer de la disposition pour vous permettre de continuer à nourrir votre rêve en transformant concrètement votre espoir en action.

Ces moments d'évasion, de ré-harmonisation de vos énergies en fonction de ce que vous êtes réellement, de reconnexions avec vos véritables valeurs, vous offriront la prise de distance nécessaire à la réflexion et à la prise de décision. Face à vos envies, face à vos choix, vous rendosserez petit à petit la responsabilité de votre propre vie pour en devenir l'acteur plutôt que le spectateur, car la maîtrise du temps qui vous est imparti demeure l'une des conditions essentielles de la préservation des envies qui vous habitent.

Réaménagez votre emploi du temps, faites la chasse au superflu, réorganisez-vous et laissez-vous accéder à ces moments privilégiés où personne ne viendra vous déranger. Attendez la tombée de la nuit s'il le faut, mais débrouillez-vous comme vous voulez pour vous accorder sérieusement ce petit créneau salvateur qui, seul, pourra faciliter le retour de l'inspiration. **L'envie d'écrire se respecte : continuez à vivre votre vie en l'ignorant, et ne soyez pas étonné si elle finit par s'envoler vers d'autres talents qui sauront y être plus réceptifs.**

Ensuite, si vous vous posez la question de savoir s'il est nécessaire d'élaborer, à l'avance, un plan plus ou moins détaillé de ce que sera l'ouvrage, sachez que cela dépendra vraiment de vous. Certains écrivains ne commencent jamais leur travail d'écriture sans avoir préalablement validé cette étape, tandis que d'autres préfèrent se laisser porter au fil de la plume. Il y en a aussi qui avouent laisser libre cours à leur inspiration jusqu'au moment où la nécessité d'un plan se manifeste d'elle-même, retravaillant ainsi tout leur manuscrit en conséquence.

Personnellement, pour l'écriture d'un roman (mais pas pour un ouvrage plus didactique comme celui-ci), je trouve qu'un plan trop rigoureux enlève une grosse partie du plaisir que l'on peut avoir à écrire. Par contre, on a besoin parfois, à défaut d'une élaboration

*Écris ton livre !*

méticuleusement échafaudée, de se définir une zone plus ou moins claire sur sa ligne d'horizon. Sans cette vague intuition de ce vers quoi les personnages vont tendre, l'écriture peut facilement tomber dans l'exercice de style, et l'intrigue tourner en rond.

Je crois que, de manière générale, il est difficile de travailler correctement sur des détails quand on n'a pas encore conscience de la teneur de l'ensemble. Par ailleurs, n'hésitez pas à effectuer un balisage intermédiaire au fur et à mesure que les idées vous viennent en écrivant. Parfois, le fait de connaître d'avance les trois ou quatre prochaines étapes à franchir peut s'avérer très efficace, surtout si vous avez tendance, comme moi, à laisser partir votre imagination un peu dans tous les sens.

*Écris ton livre !*

## LA MAÎTRISE DE L'ÉCRITURE

Concernant la maîtrise de l'écriture à proprement parler, je ne suis pas ici pour vous apprendre à écrire de belles phrases et de bons livres. Déjà, je n'ai pas cette prétention, et ensuite, je ne suis l'auteur que d'un seul manuscrit publié à ce jour, et ne me considère donc absolument pas comme un écrivain. Cet ouvrage est uniquement destiné à partager avec vous, en toute simplicité, l'expérience de mon premier projet, afin qu'elle puisse vous faire gagner du temps avec ce que j'ai réussi d'une part, mais aussi en vous dévoilant noir sur blanc mes erreurs de débutant d'autre part. En plus, s'il y avait vraiment une bonne recette à appliquer pour être certain d'écrire de belles phrases, la littérature n'aurait sans doute plus de raison d'être. Le plaisir de la lecture réside dans la diversité, et nul ouvrage ne saura mettre tout le monde d'accord. Même à votre propre niveau, si vous prenez un peu de temps pour vous remémorer vos expériences de lecture, vous vous apercevrez que vous pouvez très bien passer totalement à côté d'un roman à un moment donné, et le considérer comme un chef-d'œuvre une dizaine d'années plus tard… avec la situation inverse restant tout à fait possible également.

**L'amour d'un livre, c'est avant tout l'histoire d'une rencontre, à un moment précis d'une vie, entre un auteur et son lecteur.**

Au sujet de la maîtrise de l'écriture, troisième des cinq ingrédients clés qui vous seront nécessaires à

*Écris ton livre !*

l'aboutissement de tout projet d'écriture, nous allons essayer de ne pas tomber dans le piège de nous perdre dans des considérations plus ou moins subjectives.

Mon intérêt pour les sciences humaines m'a appris via la programmation neurolinguistique (PNL), qu'il existe successivement **4 états de conscience différents qui définissent notre propre maîtrise d'une pratique** :

- dans le premier état, vous êtes inconsciemment incapable (incompétence inconsciente). En quelque sorte, vous ne savez même pas qu'il y a des choses que vous ne savez pas, ce qui entraîne de nombreuses souffrances et difficultés personnelles. À ce propos, il est bon de noter que des études récentes en psychologie auraient démontré que l'incompétence prive les gens de la capacité à reconnaître leur propre incompétence. Pour dire les choses plus sèchement, on est trop stupide pour prendre conscience de sa propre stupidité.

- dans le deuxième état, vous êtes consciemment incapable (incompétence consciente). Là, vous avez effectué une prise de conscience majeure, qui constitue le premier pas vers le processus d'apprentissage. C'est la phase où vous commencez à prendre conscience de vos lacunes et blocages. Vous connaissez maintenant vos ressources et vos capacités, mais vous savez surtout sur quels points vous aurez à travailler pour progresser.

- dans le troisième état, vous êtes consciemment capable (compétence consciente). Vous faites des efforts et vous effectuez des progrès de façon consciente, en acquérant notamment, petit à petit, l'ensemble des compétences qui s'avèrent indispensables pour combler vos lacunes. Vous pouvez atteindre un niveau de maîtrise acceptable, mais qui

## Écris ton livre !

reste toutefois insuffisant pour que vous puissiez faire les choses de manière efficace et performante. À signaler également que, toujours en se référant à ces récentes études en psychologie, plus on est compétent, plus on a tendance à sous-estimer son propre niveau de compétence.

- dans le dernier état, vous êtes inconsciemment capable (compétence inconsciente). Vos améliorations se font de manière totalement inconsciente jusqu'à la maîtrise parfaite de ce que vous faites. C'est le cas, par exemple, lorsque vous conduisez depuis plusieurs années. Vous n'avez plus besoin de vous soucier de bien regarder dans vos rétroviseurs, de mettre vos clignotants, passer les vitesses, changer de pédale pour freiner, etc. Vous faites cela de manière automatique tout en laissant votre esprit divaguer au sujet de la dernière conversation que vous avez eue avant de prendre le volant. Vous n'avez plus besoin du moindre accompagnement, et votre maîtrise, en franchissant un certain seuil d'expérience, fait alors de vous un véritable expert dans votre domaine.

Le système scolaire vous aura en principe permis d'accéder au troisième palier, que certains auront complètement franchi, et d'autres pas. On vous aura appris l'orthographe, la conjugaison, la grammaire, et initié à un minimum de vocabulaire, ce qui est le B-A-BA de l'art de la narration. Hélas, de l'enseignement actuel (qui s'efforce d'initier les esprits à toute une diversité de matières mais sans forcément en rechercher la totale maîtrise) découle visiblement un niveau en orthographe de plus en plus approximatif (et je ne parle même pas de cette légitimité à se demander, sur la toile, si la maîtrise de cette discipline n'est pas tout bonnement devenue obsolète).

**Est-ce qu'une orthographe, même désastreuse, doit constituer un frein à l'écriture ?**
Au risque de choquer les plus déterminés, je ne pense pas. Mais au risque de couper court à l'enthousiasme des plus mauvais, je nuancerais mes propos en précisant que l'orthographe ne constitue pas un point noir à votre manuscrit tant que vous n'envisagez pas la publication. Je commets moi aussi des fautes, par négligence d'une part, mais aussi parce que la langue française est pleine de subtilités très complexes (ce qui n'est pas le cas de l'orthographe italienne, par exemple, où tous les mots s'écrivent simplement comme ils se prononcent). Peu nombreux sont d'ailleurs celles ou ceux qui peuvent se vanter de faire zéro faute aux fameuses dictées de Bernard Pivot. Mais j'aime les livres, et j'aime notre langue. Je la respecte. L'orthographe est un patrimoine. L'étymologie d'un mot ou d'une expression est d'une richesse inouïe, qui comporte en elle toute la sagesse des siècles passés. Celui qui connaît la véritable raison pour laquelle un mot s'écrit d'une manière plutôt qu'une autre porte en lui toute l'histoire de son pays. L'orthographe fait partie intégrante de notre culture, et renoncer à la respecter, c'est renier notre passé.

Quoi qu'il en soit, au stade de l'écriture du premier jet, vos lacunes en orthographe ne regardent que vous. Pour la suite, il y a le correcteur orthographique de votre traitement de texte, qui permettra déjà de résoudre bien des coquilles, même si les limites du logiciel sont parfois rapidement atteintes dans le cas de phrases à rallonge. Dans le cas où vos règles de base sont plutôt bien assimilées, cela peut

*Écris ton livre !*

suffire à atteindre un niveau satisfaisant pour un manuscrit en voie de finalisation, même si cela peut malgré tout rester (il faut en être conscient), en deçà du seuil de perfection idéalement visé pour la publication. Le mieux serait alors de recourir à un logiciel de correction (je n'ai personnellement jamais expérimenté ce procédé) ou mieux encore, à un professionnel de la correction… si vous avez un budget sérieux à consacrer à ce poste. En effet, les tarifs des correcteurs sont souvent fixés en fonction du nombre de mots ou à un forfait par feuillet (chaque feuillet étant bien évidemment défini avec précision en fonction du format et de la taille du texte), et il ne faut pas perdre de vue que si, pour vous, l'écriture relève du passe-temps, pour le correcteur professionnel, en revanche, corriger un manuscrit constitue un travail soumis à cotisations, prélèvements sociaux, etc., et dont le seuil de rentabilité est par conséquent calculé dans le but de pouvoir en vivre.

En ce sens, pouvoir bénéficier d'un contrat de publication à compte d'éditeur représente une belle économie d'investissement pour l'auteur. Mais comme nous l'avons démontré précédemment, étant donné que les heureux élus sont peu nombreux en comparaison du nombre de postulants, le mieux, lorsque l'on vise la publication en autoédition et que l'on n'a pas beaucoup de moyens, est de recourir encore une fois au bon esprit collaboratif qui règne sur la toile. Il faut savoir par exemple que les auteurs indépendants tendent de plus en plus à se regrouper les uns avec les autres pour constituer une force réelle et crédible face au monde de l'édition. Ils échangent ainsi leurs différents atouts pour que le niveau global des écrits autoédités s'en trouve amélioré. Frappe de textes, correction orthographique

*Écris ton livre !*

ou de fond, traduction, coaching, écriture de résumé, de préface, portrait d'auteur, mise en page, formatage numérique, conception de couverture, titre, etc. : chacun possède forcément une qualité ou un recul objectif à offrir en échange d'un service à demander. Là où la vie réelle exige de vous que vous dépensiez de l'argent, grâce à Internet, votre investissement en terme de temps vous permettra toujours de faire des économies.

Alors ? L'entraide, le troc et le don de soi ne constituent-ils donc pas, à vos yeux, cette révolution que j'évoquais plus haut, réelle alternative à la crise économique que nous vivons actuellement ?

Pour les plus réservés, un proverbe japonais dit ceci : **« Demander ne coûte qu'un instant d'embarras ; ne pas demander, c'est être embarrassé toute sa vie. »**

## UN ENGAGEMENT RÉEL ET RÉGULIER

Au stade de la compétence consciente, telle que la définit la PNL, **il y a deux sortes de gens : ceux qui ont des objectifs d'apprentissage précis et qui les suivent ; et ceux qui sont complètement désorientés en croyant que le savoir finira bien par leur tomber tout cuit entre les mains.**

Les premiers vont progresser en gagnant un temps précieux par rapport aux seconds qui vont soit tourner en rond, soit finir par se perdre en partant dans tous les sens.

Comme nous l'avons évoqué précédemment, pour atteindre le quatrième stade de compétence inconsciente, qui permet notamment de faire la différence entre les amateurs et les experts, seule l'expérience sera le véritable carburant nécessaire. Il parait donc indispensable, pour acquérir une maîtrise totale de l'écriture, de vous engager réellement et concrètement, avec volonté et ambition, dans votre projet.

Écrire une page tous les six mois ou trois chapitres d'un coup parce que la télé vient de tomber en panne ne sont pas des pratiques que l'on peut qualifier de régulières. Si vous tenez à conserver une volonté de fer, qui ne se débinera pas à la première occasion, **il faut que votre activité d'écriture s'immisce dans vos habitudes.** Cela peut être en se réveillant une demi-heure plus tôt tous les matins pour profiter du calme dans la maison ; ou bien en soirée une fois que tout le monde est couché ; cela peut être à la pause de midi, au bureau si vous y avez un endroit tranquille ; dans la voiture si elle reste votre seul espace vital disponible... Il n'y a pas de règles. C'est à vous et à vous seul de décider de l'endroit et du créneau horaire qui vous conviendront le mieux. Coupez le téléphone, coupez le contact, enfermez-vous dans votre tour d'ivoire et sortez les crocs dès qu'on envahit votre territoire ! Je le répète : l'écriture, ça se respecte. Au pire, si vous ne voulez pas affronter le regard des autres dans un premier temps, considérez que toutes celles et ceux qui ne pourront pas respecter ce moment d'intimité ne sont absolument pas obligés de savoir où vous êtes... et ce que vous y faites. Optez pour la vie secrète, et peu importent leurs rictus, les éventuelles rumeurs qu'ils feront courir dans votre dos, les remarques désobligeantes ou les bouderies, l'essentiel est désormais pour vous de prendre conscience de l'enjeu vital que représente votre temps d'écriture.

**S'engager signifie ne pas avoir le choix.** Si vous êtes inscrit à un cours de tennis deux fois par semaine, vous avez une plage horaire dans votre emploi du temps qui y est strictement réservée. Toute votre organisation de la semaine en sera peut-être légèrement perturbée au départ, mais vous finirez toujours par trouver vos marques pour respecter cet engagement que vous avez pris. Si vous hésitez ne serait-ce que dix secondes à vous demander ce que vous devriez faire entre lire ce nouveau bouquin qui vient de sortir en librairie ou écrire, c'est couru d'avance : vous ne tiendrez pas votre engagement. Nous savons tous combien il est important d'avoir beaucoup lu avant de passer à l'écriture, mais à partir de l'instant où vous avez un projet en cours, vous n'avez plus affaire à un simple loisir mais à un réel impératif.

**Devant la possibilité du choix, l'homme libre s'attire l'angoisse, la procrastination et le doute.** Lorsque vous devez aller travailler chaque matin, vous ne vous posez pas la question, au réveil, de savoir si vous resteriez bien couché ou pas. Peu importe si la nuit a été trop courte ou si vos enfants ont été agités. Vous allez prendre une bonne douche pour vous réveiller, un bon café s'il le faut, et c'est parti. Tout ça parce que vous n'avez pas le choix. Nous n'avons pas conscience à quel point cet impératif horaire est bénéfique pour notre propre rentabilité. Lorsque vous êtes travailleur indépendant, par exemple (ce que je suis moi-même depuis plusieurs années), sans chef au-dessus de vous pour vous obliger à ce type de contraintes, les choses peuvent très bien devenir beaucoup plus difficiles. Si la notion de choix s'immisce dans votre emploi du temps, l'ivresse de la liberté tourne rapidement au vinaigre. Si vous vous en remettez sans cesse à votre libre arbitre et passez plus de temps à vous écouter, vous vous apercevrez que nombreuses sont les occasions de se trouver un prétexte à ne pas travailler. Une petite fatigue, un mal de dos, un repas un peu trop copieux, une envie de faire la sieste, une belle journée ensoleillée, un film à regarder à la télé ou simplement un ami avec qui passer un peu de bon temps, croyez-moi, il y a toujours beaucoup trop de place à la tentation sur le chemin de l'hésitation.

**Les anciens disaient que le travail, c'est la santé.** L'esprit a besoin d'avoir des tâches à accomplir et des défis à relever. Il ne supporte pas l'inactivité, qui constitue un redoutable poison pour lui. Regardez combien de personnes tombent malades au moment précis où ils peuvent enfin jouir de leur retraite. Ce changement de vie qui peut être l'occasion d'un authentique moment de sérénité, peut cependant très vite tourner au cauchemar s'il est abordé sans but ni contrainte.

L'inactivité tue. N'ayez pas peur de bien remplir vos journées si vous souhaitez avoir su profiter, au final, d'une existence bien remplie. Fixez-vous des objectifs précis pour la journée de demain. La liste des tâches vous fait peur ? Établissez des priorités, répartissez l'effort tout au long de la semaine.

Pour ceux qui souhaitent écrire sans établir de plan, **gardez en mémoire qu'une page d'écriture chaque jour donnera inéluctablement un manuscrit de 365 pages à la fin de l'année.** À ce rythme-là, même en ayant l'impression d'avancer à pas de fourmi, dans 10 ans, vous aurez 10 manuscrits dans vos tiroirs, qu'il ne vous restera plus qu'à corriger. (Alors faites-le !)

Si vous êtes, au contraire, adepte du plan narratif, procédez alors par étapes : essayez d'abord de percevoir l'essence de votre futur livre, puis étoffez. Décrivez-le ensuite en quelques paragraphes, puis détaillez encore un peu plus pour avoir un résumé de plusieurs pages. Vous avez maintenant une vue d'ensemble déjà beaucoup plus précise de ce que vous souhaitez raconter. Prenez le temps de laisser venir les idées. Notez-les sur des calepins que vous emmènerez partout avec vous, mais en vous efforçant de toujours garder une conscience globale de l'ouvrage. **Évitez soigneusement de vous noyer dans une accumulation de textes hétéroclites dont vous ne**

*Écris ton livre !*

**saurez plus que faire une fois qu'elle sera devenue trop conséquente !** Trouvez votre propre façon de vous organiser ! Certains utilisent le traitement de texte dès le début, d'autres pas, mais n'hésitez pas à faire des impressions. Au travers de l'usage des ordinateurs, notre mémoire tend à retenir davantage le bon chemin pour accéder aux informations que les informations elles-mêmes. En organisant vous-mêmes vos notes, manuscrites ou imprimées, en les découpant, en faisant des montages, des collages et des rajouts que vous collecterez dans un classeur, vous aurez une vision plus pragmatique de votre travail en cours, et rattacherez vos idées au fur et à mesure aux bons endroits dans le récit (même si, par la suite, cela pourra évoluer).

Une fois ce premier travail élaboré, sauf si cela a un sens de raconter votre histoire d'une seule traite, vous pourrez commencer à réfléchir à un découpage en chapitres. Repérez ceux qui méritent d'être enrichis, ceux dans lesquels il va falloir effectuer des coupures, et surveillez également le rythme de votre récit. Hergé, par exemple, ne finissait jamais une planche de ses *Tintin* sans créer un effet de surprise ou d'attente chez son lecteur. Il s'agissait souvent d'un rebondissement qui ne se révélait pas essentiel à l'intrigue, mais cela suffisait pourtant à donner envie au lecteur de découvrir la suite. Ne perdez pas de vue que beaucoup de lecteurs calent devant les descriptions trop longues de certains ouvrages classiques. Si cela a parfois un sens, du point de vue conceptuel, de ralentir le rythme de l'action, il faut cependant éviter à tout prix que le lecteur ne sombre dans l'ennui. **Tout le monde est d'accord sur le fait que les gens lisent de moins en moins. Soit ! Mais que font les auteurs (et les éditeurs) pour pallier ce problème ?** Le monde a changé. Nous

## *Écris ton livre !*

manquons de temps et sommes sollicités en permanence par l'explosion du flux informatif et culturel dans lequel nous baignons. Si vous reconnaissez qu'un auteur n'est rien sans lecteurs, alors si vous voulez vraiment être lu, commencez d'abord par éviter de leur faire perdre du temps !

*Écris ton livre !*

> MON EXPÉRIENCE PERSONNELLE :
> Publier son manuscrit en cours d'écriture sur un blog

    Deux mois après avoir commencé à publier mes premiers écrits sur un blog, je fis une rencontre inattendue, grâce à Internet, avec un illustrateur, dont le style et l'humour me faisaient penser à Hergé. Jepeh publiait sur son blog, avec une assiduité prodigieuse, ses planches personnelles depuis déjà plusieurs années. Rapidement conquis par la simplicité de son style et sa dérision, j'eus une idée qui, sans le savoir au départ, allait me permettre d'obtenir les précieux ingrédients qui me manquaient pour mener à son terme l'écriture de mon premier roman.

    Avec une audace dont je n'aurais probablement pas été capable dans la vraie vie, et sans pouvoir d'ailleurs en mesurer toutes les conséquences, je le contactai par mail en lui faisant cette proposition insensée d'ouvrir un blog ensemble, dans lequel nous pourrions publier l'intégralité de mon manuscrit, sous forme d'épisodes dont il serait l'illustrateur. Je lui envoyai en pièce jointe les cinquante premières pages, à titre indicatif, en lui précisant que l'ouvrage complet comporterait sans doute de 250 à 300 pages une fois que j'aurais fini de retravailler la fin.

    Jepeh répondit présent malgré un emploi du temps déjà bien chargé (la plupart des blogueurs sont de réels passionnés) et une belle aventure était sur les starting-blocks : deux à trois épisodes à publier chaque semaine... pour un roman qui n'était en réalité pas encore écrit !

*Écris ton livre !*

Aujourd'hui, je sais que je dois beaucoup à ce partenariat. Sans impératif de délais et sans obligation de résultats, aucun projet d'envergure ne peut voir le jour. **Travailler dans l'urgence et sans filet est une excellente manière de se booster l'imagination.** Vous n'avez pas idée comme le simple regard d'une autre personne sur ce que vous écrivez peut vous faire gagner du temps. Chaque lecteur du blog, en laissant une trace de son passage par le biais d'un commentaire à la fin de votre article, influe inévitablement et positivement sur votre travail, ne serait-ce que par les encouragements qu'il vous adresse en vous signifiant sa présence et son intérêt. En observant « en temps réel » comment réagissent vos lecteurs, mais aussi (et surtout) ce à quoi ils ne réagissent pas, vous êtes capable de rectifier la trame narrative d'un ouvrage avant qu'il ne soit trop tard pour le faire.

Tous mes personnages ont réellement pris vie sur ce blog. L'imagination et le plaisir de tenir le lecteur en haleine ont complètement modifié l'atmosphère de départ en introduisant efficacement une composition davantage en mi-teinte, où l'humour et la joie de vivre sont devenus naturellement les ingrédients essentiels à la bonne cohérence de l'ensemble.

Pour les lecteurs, l'expérience paraissait à la fois distrayante et instructive, comme si on les avait conviés à entrer dans l'atelier d'un auteur pour assister à la naissance de son ouvrage. Nos échanges se sont toujours opérés dans le respect et la bonne humeur, et le blog a rapidement rencontré un certain succès (une moyenne de 280 visiteurs par jour sur toute l'année 2007, avec notamment plusieurs sélections parmi les meilleurs sites du web, et aussi quelques brèves mises en avant sur des radios régionales). Ces divers encouragements, même s'ils n'avaient rien de vraiment prestigieux, nous auront largement suffi à maintenir le rythme de nos publications jusqu'à la fin, et ce, malgré nos vies personnelles et professionnelles déjà bien remplies.

Compte tenu du coût des imprimeurs pour un roman de 420 pages, et aussi du souhait de Jepeh qui était de retravailler la majeure partie de ses dessins, une version illustrée n'aura été finalement pas envisageable, à mon grand regret. Mais je garde malgré tout un excellent souvenir de ce partenariat étroit avec cet illustrateur qui encourageait à sa manière le ton humoristique à maintenir jusque dans les moments où l'intrigue se faisait plus grave.

Certains internautes seront restés fidèles pendant toute l'aventure du blog, devenant aussi les premières personnes à encourager une publication au format papier, puis, quand cela a été fait, les premiers lecteurs à me soutenir et me promouvoir. Je leur en suis très reconnaissant. Sans eux, tout aurait été complètement différent, et le roman n'existerait probablement pas dans sa forme actuelle, si joyeuse et positive.

Sept ans après le début de cette aventure, je suis d'ailleurs toujours en contact avec certaines personnes qui étaient là depuis le début, et je reste plus que jamais convaincu que derrière ces soi-disant « rencontres virtuelles » se cache souvent la possibilité de véritables histoires d'amitié.

*Écris ton livre !*

*Écris ton livre !*

## LA PATIENCE DE LA RÉÉCRITURE

Des centaines d'ouvrages existent déjà pour vous vendre des méthodes toutes plus miraculeuses les unes que les autres pour faire de vous un « écrivain prolixe sans vous fatiguer », un « auteur de best-sellers », ou un « auteur malin » qui fera fortune en publiant et réadaptant des ouvrages libres de droit.

Vous aurez compris (je l'espère) que je ne partage ni les ambitions, ni les valeurs de ces auteurs-là. Je ne suis pas ici pour vous vendre une méthode miracle qui n'existe pas, mais plutôt pour vous aider à trouver la vôtre. Un succès ne paraîtra jamais complet à vos propres yeux si vous le devez à quelqu'un d'autre que vous-même.

Depuis la publication de *Vivement l'amour*, que j'ai édité et promu par mes propres moyens (certes dérisoires mais dont le résultat n'a pourtant rien à envier au nombre de lecteurs habituel d'un premier roman publié par une maison d'édition), il n'est pas rare que l'on me sollicite pour un avis sur un texte, des conseils d'écriture, ou encore pour corriger un ouvrage jusqu'à sa publication numérique. C'est face à ces multiples demandes, auxquelles j'ai toujours essayé de répondre du mieux que je pouvais jusqu'à maintenant, que j'ai vraiment pris conscience de la solitude (et de l'extrême désarroi parfois) de celui qui écrit. Aux râleurs, que j'entends déjà d'ici, je répète que je sais très bien que je ne suis pas un écrivain et que je ne bénéficie pas d'une grande expérience visible en la matière.

*Écris ton livre !*

J'insiste toutefois légèrement sur le terme de « visible » puisque je m'adonne à l'écriture depuis quand même plus de 25 ans maintenant, et que ce n'est pas parce que je n'ai qu'un seul roman publié à ce jour que je n'ai pas d'autres manuscrits moins aboutis qui dorment dans mes tiroirs.

C'est parce que je connais parfaitement les difficultés que l'on peut avoir à terminer un ouvrage, que je n'ai aucune honte à en faire un livre qui puisse aider tous ceux qui sont dans le même cas. Je veux ici partager en toute honnêteté les leçons que cette aventure m'aura données, et non pas me glorifier de quelque réussite que ce soit. Ce livre ne s'adresse pas aux écrivains, et je sais déjà que les principaux reproches qui pourront m'être faits viendront de la part d'autres auteurs plus ou moins « confirmés » plutôt que de réels auteurs en herbe. **Je répète qu'on ne devient certainement un écrivain dans l'inconscient du lecteur qu'au bout d'un certain nombre de publications**, lorsque l'exploit cède sa place à l'habitude, ce qui n'est pas du tout mon cas. Je ne suis pas ici pour vous raconter des salades et vous faire miroiter le talent, le succès et les honneurs en vous encourageant dans le rêve et l'inaction. Si vous pensiez pouvoir devenir un écrivain sans vous fatiguer, c'est raté, et la patience que requiert tout le travail de réécriture va rapidement vous le prouver.

Un seul conseil à donner : n'ayez pas peur du travail ! L'ampleur de la tâche est trop importante ? Concentrez-vous sur ce que vous avez à faire aujourd'hui, demain et dans la semaine. Morcelez le défi, fixez-vous des objectifs intermédiaires. Lorsque le sommet d'une montagne vous semble un peu long à atteindre, trouvez votre rythme et gardez-le. Souvenez-

*Écris ton livre !*

vous que « rien ne sert de courir, il suffit de partir à point ! »

Vous êtes prêt ? Alors allons-y !

La réécriture fait partie intégrante de l'écriture. Un auteur ne peut écrire une page sans revenir en arrière pour y effectuer des corrections, des biffures, des surcharges, ou bien pour y annexer des notes pour la suite. **Avant d'avoir la certitude d'avoir écrit une bonne page, il faut parfois l'avoir réécrite plus d'une vingtaine de fois.** C'est comme ça. Cela peut paraître décourageant si vous n'aimez pas écrire, mais c'est tout le contraire lorsque l'on est un homme de plume. On n'écrit pas les choses comme on les dit. On ne les formule pas de la même manière. On recherche les mots adéquats, et on prend le temps nécessaire pour le faire. Le sens de la formule, c'est tout ce qui fait le style d'un écrivain.

Faut-il réécrire chaque phrase de manière impeccable tout de suite ? Je ne le pense pas. Je crois qu'il est préférable, durant l'écriture du premier jet, de se concentrer plutôt sur l'histoire proprement dite : sa structure, son rythme, le caractère des personnages et les relations qu'ils ont entre eux. On ne peut pas écrire d'emblée un roman de quatre cents pages dans lequel il n'y ait rien à retoucher. Écrire quatre cents pages d'affilée est impossible, et le simple fait de morceler votre travail y introduira irrémédiablement des imperfections qu'il faudra corriger.

Voilà pourquoi, après l'euphorie du point final tombé au bout de votre premier jet, il est nécessaire d'abord de prendre du recul. **Oubliez votre chef-d'œuvre ! Abandonnez-le lâchement au pied de votre bibliothèque en lui interdisant toute** suffisance parmi les plus grands, et ignorez-le copieusement pendant plusieurs semaines ! Cela sera peut-être difficile, mais beaucoup plus efficace au final. Faites autre chose. Vous êtes resté enfermé pendant des mois, vous avez négligé vos amis, votre famille... Vous avez besoin de vacances, de bon temps, alors vivez ! Respirez le grand air, allez chercher le soleil, oxygénez-vous le cerveau et tout vous paraîtra beaucoup moins brumeux quand vous reviendrez. Cela peut paraître vraiment bête, comme conseil, mais faites-moi confiance et je vous garantis que vous gagnerez du temps. Vous sentirez de vous-même quand vous serez prêt à replonger dans la longue épreuve de « réécriture ».

En quoi consiste exactement le travail de réécriture ?

**La réécriture d'un ouvrage commence tout d'abord par une relecture attentive de la totalité de votre manuscrit.** Je veux dire par là qu'il faudra vous contenter de placer des croix ou de brèves annotations un peu partout et ne surtout pas vouloir reformuler les choses dans un premier temps. L'objectif est de ne pas vous attarder sur des détails et de vous imprégner de la cohérence de l'ensemble.

Ce travail de simple relecture, vous avez déjà été amené à l'effectuer de manière régulière durant l'écriture du premier jet, principalement afin de maintenir une unité de ton dans le récit. Mais désormais, il va falloir vérifier si l'ensemble de l'ouvrage semble cohérent du point de vue narratif. Est-ce que l'histoire a quelque chose de bancal ? Y a-t-il des précisions à apporter concernant un personnage, quelque chose à creuser au niveau psychologique ? Est-

*Écris ton livre !*

ce que le rythme est bon ? Y a-t-il des longueurs ? Faut-il restructurer la narration afin d'y introduire davantage de suspens ? Peut-on avoir recours à certains flash-backs ? Les descriptions sont-elles suffisantes ? Certaines ne paraissent-elles pas superflues ? N'y a-t-il pas des passages entiers à supprimer ? Y a-t-il des tics de langage qui vous sautent aux yeux, des répétitions, des divagations ? Les dialogues sont-ils à retravailler ? Est-ce que chaque personnage a bien sa propre manière de s'exprimer ? Certaines informations, historiques ou techniques, sont-elles à vérifier ? En restant attentif à l'ensemble de ces différents points, **dressez une liste de tous les points qui seront à corriger en phase de réécriture, et tenez des fiches.** Elles peuvent concerner les personnages, leurs noms, leurs descriptions, un arbre généalogique éventuel, leurs parcours, leurs psychologies. N'hésitez pas à faire des schémas si cela peut vous aider à mémoriser plus facilement certains points. Vérifiez la cohérence chronologique des événements que vous décrivez. Si on apprend que deux jours après le mercredi, tous les magasins sont fermés parce que c'est dimanche, il y a un problème. Si une partie de l'action se déroule pendant la Guerre de Sécession, vérifiez, le cas échéant, que les armes décrites existaient bien. **Un roman contient une quantité indéfinissable d'informations que l'auteur se doit de vérifier.** Sauf si cela est une volonté particulière de votre part (pour un effet comique, par exemple), méfiez-vous des anachronismes. Vous en laisserez forcément quelques-uns si vous écrivez un roman historique (les meilleurs spécialistes du sujet ne manqueront pas de vous les signaler), mais cela est toujours rageant de ne les reconnaître qu'une fois que le livre a été publié.

*Écris ton livre !*

Par conséquent, n'hésitez pas à demander de l'aide à un lecteur qui saura vous donner son point de vue en toute objectivité. Parfois, **le fait d'avoir recours à une personne extérieure peut vous faire gagner beaucoup de temps.** Vous pouvez relire votre texte des dizaines de fois sans en repérer les incohérences ou lacunes qui devraient vous sauter aux yeux, alors qu'un regard neuf, neutre et avisé, les détectera parfois au premier coup d'œil.

Une fois ces premiers repérages effectués, à vous de voir si une nouvelle période de maturation vous semble nécessaire ou pas avant d'entamer les corrections à proprement parler. Puis, dès que vous vous sentez prêt, mettez-vous au travail. Cette phase, qui est souvent la plus rebutante pour un auteur, reste évidemment incontournable pour passer d'un « plus ou moins mauvais brouillon » à un manuscrit réellement abouti que l'on peut alors peut-être envisager de publier. Ne minimisez pas l'ampleur de cette tâche, qui peut s'avérer, selon l'importance que vous accorderez au style à proprement parler, parfois beaucoup plus longue que l'écriture du premier jet. En effet, un simple effort de précision dans le vocabulaire employé peut vous faire gagner un bon tiers dans la longueur de votre ouvrage. Quant aux figures de style, si vous êtes un véritable amoureux des mots, n'oubliez pas qu'elles sont un peu à la littérature ce que les ombres et la lumière seraient à la photographie. Il ne s'agit donc pas du tout d'éléments négligeables.

Faut-il éviter les clichés ? Tout le monde vous dira que oui. Mais personnellement, je ne pense pas que l'usage de clichés donne forcément de la mauvaise

*Écris ton livre !*

littérature. Après tout, il y a bien pire, pour un lecteur : découvrir une fin qu'il soupçonnait dès le début ! Lorsqu'une fille et un homme qui se détestent au début du livre finissent par tomber amoureux l'un de l'autre à un moment donné, cela peut être effectivement considéré comme un cliché car cela a été maintes et maintes fois traité en littérature, mais est-ce qu'il ne faut pas le faire pour autant, je n'en suis pas du tout certain. Qu'est-ce qu'un cliché, exactement ? Si l'histoire d'amour de Jane Birkin et Serge Gainsbourg, qui se détestaient lors de leur rencontre sur le plateau du film *Slogan*, en 1968, avait été un roman, cela aurait effectivement constitué un cliché aux yeux des critiques littéraires, mais peut-être simplement parce qu'il règne une certaine préférence française pour les mélodrames et le côté sombre de l'existence. Une belle histoire qui finit mal a quelque chose d'esthétique qui pourra très bien déboucher sur un prix Goncourt, mais une histoire heureuse ne sera jamais qu'une histoire plaisante que l'on peut lire sur la plage… un de ces endroits trop populaires que le snobisme ne fréquente pas !

**En littérature comme au cinéma, faire rire ou faire rêver ne vous apportera jamais beaucoup de considération.** Au mieux, vous serez un bon clown ou un auteur de romans de gare, mais si c'est exactement ce que vous redoutez, prenez ce constat en considération avant d'écrire votre premier chapitre ! Comme nous l'avons déjà vu précédemment, je reste pourtant persuadé qu'un bon livre ne se résume pas à l'histoire qu'il raconte, et que, par conséquent, les clichés de l'auteur, selon la manière dont il les exploite, n'auront pas d'influence majeure sur la valeur de l'ouvrage. Certains thèmes sont universels, certaines histoires sont intemporelles, mais ce n'est pas parce

*Écris ton livre !*

qu'un matériau a déjà été utilisé qu'il ne faut plus s'y intéresser. Proposez du métal à un mauvais architecte et il vous en fera un bâtiment industriel sans la moindre particularité ; proposez-le à Gustave Eiffel et il en fera un chef-d'œuvre ! Le talent ne réside absolument pas dans les thèmes abordés ni dans l'évitement permanent de certains clichés : il réside dans l'art de garder sa liberté de penser et de faire les bons choix au bon moment. Dans la vie comme en littérature, d'ailleurs. Faites les bons choix pour vos personnages, manipulez leurs destins comme si vous étiez leur marionnettiste, amusez-vous avec eux et le lecteur vous suivra.

**Votre seule bête noire, c'est l'ennui. Chassez-le jusque dans les moindres détails.**

Je le répète : un lecteur qui s'ennuie, c'est un livre qui ne se lira pas.

## MON EXPÉRIENCE PERSONNELLE :
### Des personnages trop réels

J'ai commis beaucoup d'erreurs de débutant en écrivant mon premier roman. Parmi les plus grandes, il y a celle de ne pas avoir pris le temps de soigner un minimum la qualité du premier jet. Mon manuscrit de 600 pages ne comportait d'ailleurs pas plus d'informations que mon texte final réduit aux deux tiers. Il était « juste » mal écrit. Mais une autre erreur que je déplore aujourd'hui concerne un point sur lequel je ne peux plus revenir : mes personnages.

**Pour vos personnages, une seule règle : il faut qu'ils paraissent vrais.** Certains attacheront beaucoup d'importance à leur description physique, ce qui n'est généralement pas mon cas car je préfère laisser la liberté au lecteur de se les imaginer comme il le souhaite, en faisant de lui-même les éventuels rapprochements avec les personnes qu'il connaît. Creusez par contre leurs personnalités, détaillez leur psychologie de fond en comble. Vous devez les connaître comme si vous les aviez faits. Et quoi de plus naturel, d'ailleurs, étant donné que c'est justement ce que vous faites !

Pour mon premier roman, parce que c'était aussi pour moi une façon de leur rendre un hommage particulier en leur offrant une petite parcelle de souvenirs personnels à ma manière, je me suis servi de certaines personnes qui avaient été, au moins à un moment donné de ma vie, importantes pour moi. Leurs qualités, mais aussi leurs défauts, tout comme les miens lorsque j'étais adolescent, ont été le matériau facile et plaisant à utiliser pour façonner des personnages hybrides, mais hélas pas assez « arrangés » aux yeux des plus susceptibles.

En effet, vous pouvez vous inspirer de personnes réelles dont les caractères vous ont marqué, de personnes de votre entourage ou de connaissances plus ou moins intimes, mais attention, gardez-vous bien de ne pas les offenser. En m'inspirant des souvenirs que j'avais de ma propre adolescence, je pensais que le simple fait de mélanger plusieurs caractères pour construire un personnage suffirait à faire passer la pilule, mais je souhaitais malgré tout que chaque personne concernée puisse aisément percevoir ces fragments de miroirs comme des petits clins d'œil réellement amicaux de ma part. Il ne s'agissait pas pour moi ni de critiquer certains comportements, et encore moins de juger certaines personnes. À chacun ses défauts, son parcours, ses travers et ses blessures. J'ai les miens, je ne suis pas parfait, personne ne l'est. Les différentes formes que prennent ces imperfections ne m'importent pas, et je préfère m'attacher au fait que nous devrions mieux en rire plutôt que de les refouler.

En gage de ma bonne foi, le personnage de Charlie a été en grande partie tiré de cet adolescent que j'ai été, timide, complexé, lâche, gaffeur et rêveur. Cela ne m'intéressait pas de mettre en lumière les éventuelles qualités que je pouvais avoir à ce moment-là, car il y avait davantage matière à rendre ce personnage sensible et humain tout simplement en approfondissant ses propres défauts jusqu'à ce qu'il n'ait pas d'autre choix que de les affronter. Mon but n'était que de rire avec le lecteur de ces maudites anomalies qui auront perturbé la plupart d'entre nous. Pour que la dérision puisse constituer un personnage à part entière, il faut jouer le

*Écris ton livre !*

jeu jusqu'au bout : en plus d'avoir forcé le trait de personnes parfois fades et lisses dans la vraie vie pour en faire des personnages plus contrastés, voire même hauts en couleur quand cela était nécessaire, je n'ai pas hésité à me dresser un portrait peu flatteur de moi-même, dont je ne tire d'ailleurs aucune honte puisque je n'étais qu'une partie de cette personne-là, que toute cette autofiction de départ s'est réellement effacée derrière le roman, et que je suis de toute façon parfaitement préparé à assumer qui j'ai été à cette époque d'une part, et tout ce que je pensais alors d'autre part.

Cette façon de rendre hommage à ces « copains d'avant », mais aussi à certains membres de ma famille, a été malgré tout très maladroite, et je le regrette. J'ai sous-estimé une chose : lorsque certains endossent leur costume d'adulte, ils renient définitivement les vies personnelles qu'ils ont eues avant. Leur rappeler leurs travers, leurs défaillances, leurs hésitations et leurs maladresses, qui n'étaient en réalité que les marques naturelles de nos similitudes, c'est prendre le risque de leur faire honte.

Personnellement, je ne comprends pas que la honte reste à ce point un tabou. Avoir honte, c'est être orgueilleux, c'est travailler constamment une image de soi qui n'est pas le reflet de la réalité, et donc, en quelque sorte, mentir aux autres. Les masques, les faux-semblants, les conversations stériles et les rencontres manquées font beaucoup trop partie intégrante du lot quotidien de nos vies d'adultes soi-disant responsables. Si la vie nous a mis ensemble sur un même chemin, c'est que nous avons sans doute à y apprendre des choses ensemble en nous y côtoyant, et si chacun parvenait à transformer ses hontes les plus tenaces en autodérision, les choses seraient beaucoup plus simples, plus franches et plus amusantes pour tout le monde. Mais hélas, le monde des adultes est une porte close à la spontanéité et l'innocence du monde de l'enfance, et ce n'était que naïveté de ma part de croire qu'il suffisait de montrer l'exemple, en me mettant moi-même en ligne de mire, que j'allais pouvoir changer les choses. Le conseil que je vous donne est donc de dissimuler soigneusement vos sources d'inspiration. **Libre à vous de vous inspirer de qui vous voulez, mais faites-le dans les règles !** Les gens ne se reconnaissent généralement pas dans les caractères que vous décrivez, ou alors seulement au travers des qualités que vous mettrez en avant... ce qui ne vous attirera jamais le moindre ennui. Par contre, s'ils repèrent la moindre similitude matérielle, même anecdotique, dans ce que vous leur décrivez, cela leur mettra indubitablement la puce à l'oreille. Leur voiture, leur chien, le nom de leurs enfants, leur maison, leur lieu de vacances, leur profession, leurs loisirs et leur film préféré, tout ça, svp, vous oubliez !

Transformez la 2 CV de votre voisin qui est facteur en Cadillac rose, faites de lui un pilote d'avion, transformez son chien en chat ou son chat en perroquet, et il ne saura pas d'où provient votre inspiration. De même, un caractère peut s'exprimer de bien des manières. Attachez-vous davantage au fond plutôt qu'à la forme. Si c'est son côté colérique, qui vous inspire, vous n'êtes pas obligé de détailler avec précision les paroles qu'il libère dans ces moments-là et la situation exacte qui l'aura mis dans cet état. Transposez. Réinventez. Évitez à tout prix la confrontation douloureuse de certaines personnes avec

## *Écris ton livre !*

eux-mêmes. Tout le monde n'a pas l'habitude de se regarder tel qu'il est, et encore moins sans un minimum d'artifices.

Si vous voulez rendre hommage, faites-le sans lésiner sur la flatterie. Dans le monde des adultes, elle est la seule monnaie qui vous permettra de franchir tous les obstacles sans inquiétude.

*Écris ton livre !*

## PROTÉGER SON MANUSCRIT

À partir du moment où vous commencez à faire lire votre ouvrage autour de vous, à en partager des extraits sur la toile, et même si pensez qu'il ne s'agit pas encore d'une version définitive, vous devez absolument protéger votre création et vous constituer des preuves qui attesteront de la paternité que vous avez sur l'ouvrage, et donc des droits d'auteur qui vous reviennent le cas échéant.

Il ne s'agit ni de se laisser croire que l'on tient ici le nouvel *Harry Potter* entre ses mains, ou inversement de penser que son texte ne vaut même pas le prix du papier et de l'encre qui auront été utilisés pour le réaliser, la vérité se situant très probablement entre ces deux extrêmes. Sans chercher à deviner d'avance ce que votre avenir vous réserve, veuillez considérer que protéger son manuscrit fait partie intégrante de votre devoir d'auteur, sinon en cours d'écriture, au moins au moment où vous avez inscrit un point final à votre histoire.

**Nous ne vivons pas dans un monde d'agneaux**, et il vaut donc mieux anticiper les problèmes que d'avoir à y faire face sans le moindre moyen de défense en retour. Inutile de divulguer des dizaines d'extraits sur les réseaux sociaux pour le moment, ou de crier sur tous les toits que votre best-seller intergalactique reposera en paix sur la troisième étagère de votre bibliothèque quand vous partirez en vacances la semaine prochaine. Ou bien autant

*Écris ton livre !*

abandonner votre bébé dans un couffin dans le hall d'accueil de l'aéroport international le plus proche, avec une étiquette « libre de droits » traduite dans toutes les langues.

Vous êtes auteur(e). Papa ou maman, comme vous voudrez. Si votre livre n'est pas le fruit de vos entrailles, il n'en demeure pas moins le fruit de votre imagination, et donc de votre esprit. **C'est de votre travail, dont il s'agit**, et même si nous avons vu dans les premiers chapitres que vivre de sa plume n'est pas un objectif à viser lorsqu'on écrit la première phrase de son projet, il n'est maintenant pas interdit de croire que vous pouvez très bien avoir la chance de faire malgré tout partie des exceptions.

Le succès est une récompense. Il ne tombera pas à coup sûr, c'est certain… mais s'il tombait, il vaudrait mieux pour vous qu'une personne mal intentionnée n'en récolte les retombées à votre place !

Accumulez donc toutes les preuves de la paternité de votre ouvrage. Ne jetez pas vos brouillons, vos anciens fichiers, vos sauvegardes diverses et variées. Elles n'ont soi-disant aucune valeur juridique au prime abord, mais je doute qu'elles constituent des éléments vraiment négligeables en cas de litige.

Bien sûr, nous avons tous des sources d'inspiration personnelles, et la créativité, c'est de les sublimer au-delà du simple copiage. Si vous avez vous-même commis des emprunts indélicats, un piratage ou un plagiat, le problème est tout autre : vous n'êtes pas un auteur, mais un voleur.

Certains semblent d'ailleurs considérer que tout ce qui relève de la matière grise devrait être gratuit. Je serais ravi de connaître leur avis s'ils passaient la moitié

*Écris ton livre !*

de leurs nuits à composer des chansons pour les autres tout en étant obligés de conserver leur emploi de jour pour manger. Que le talent ne se rémunère pas, cela mérite débat. Mais dès que votre talent nécessite un investissement personnel important en temps ou en argent, vous n'êtes plus dans le domaine de la générosité mais du sacrifice.

A-t-on déjà vu un pêcheur se délester du contenu de ses filets, en arrivant au port, parce que le temps qu'il aura passé en mer ne se rémunère pas ? A-t-on déjà vu un boulanger vendre son pain au prix de la farine, du sel, de la levure et de l'eau qu'il aura employés ? A-t-on déjà vu un maçon, un plâtrier ou un charpentier ne pas facturer ses heures passées sur un chantier ? Appelez votre plombier en urgence un dimanche soir en lui demandant son tarif pour venir vous réparer votre fuite sous l'évier : vous serez sans doute surpris du coût du déplacement !

Parallèlement à cela, les gens ne s'étonnent même plus du prix de leur sandwich de midi. Se rappellent-ils au moins combien coûte un morceau de baguette, une feuille de salade, du beurre et du jambon ?

**Ne cédez pas à ce snobisme bien-pensant selon lequel votre talent devrait être gratuit**, car c'est votre faiblesse, qui sera mise en avant, et non votre générosité. Des gens plus malins que vous chercheront toujours à exploiter eux-mêmes les qualités dont vous ne savez pas vous servir, mais est-ce pour autant une raison de les leur porter sur un plateau d'argent ?

Protégez donc votre manuscrit, et vendez-le, que ce soit par le biais d'un éditeur ou bien en devenant éditeur vous-même. Vous pouvez diffuser gratuitement un texte si cela comporte un intérêt en terme de stratégie commerciale, en vue de vous constituer un début de lectorat, par exemple, ou bien pour vous aider à vendre d'autres ouvrages du même style. Rien ne vous empêche non plus de diffuser quelques exemplaires de votre livre gratuitement pour vous constituer des contacts qui contribueront à le faire connaître. Je suis le premier à soutenir l'idée qu'il ne faut pas hésiter à semer pour récolter, mais ne faites surtout pas l'erreur d'abandonner vos droits gratuitement dans la nature dans un monde où toute votre survie repose sur l'argent. Si vous n'avez pas les moyens concrets d'assumer ce sacrifice, tôt ou tard, vous vous en mordrez les doigts.

Comment fait-on pour protéger un manuscrit ?

La première solution, qui est la moins onéreuse, est de **vous envoyer à vous-même votre manuscrit**, par la Poste, en courrier recommandé avec avis de réception. Courrier que vous vous garderez bien sûr d'ouvrir, après avoir collé l'étiquette du recommandé sur le rabat de l'enveloppe, afin de pouvoir aisément apporter la preuve, si besoin, qu'il n'a jamais été ouvert.

Pour des tarifs inférieurs à 20 € TTC, les sites **CopyrightFrance** ou **CopyrightDepot**, actifs et fiables tous les deux depuis de nombreuses années, archiveront le fichier de votre manuscrit sans clause de renouvellement. Ces solutions numériques ont l'avantage d'être rapides, efficaces et illimitées dans le temps, et de pouvoir également protéger l'ensemble des publications que vous faites sur un blog, par exemple chez CopyrightFrance.

Enfin, la solution la plus courante consiste à envoyer votre manuscrit à la **Société des Gens de Lettres** (SDGL), qui propose plusieurs formules que je

*Écris ton livre !*

vous invite à découvrir sur leur site, et dont la principale revient à faire un envoi postal accompagné d'un chèque de 45 € TTC, afin de protéger vos droits d'auteur pendant une durée de 4 ans, au terme de laquelle vous sera proposée un renouvellement.

Une fois cette formalité accomplie, vous pouvez faire circuler votre manuscrit en toute sérénité, par exemple en l'envoyant à un éditeur si cela est votre souhait.

Par contre, si votre but est de vous autoéditer, il faudra vous renseigner concernant les démarches pour obtenir un numéro ISBN, et aussi voir dans quel cas vous serez obligatoirement soumis au Dépôt Légal. Vous devrez en outre assumer tout ce qui relève du métier d'éditeur : le choix de la couverture, le recours aux correcteurs, le comparatif des imprimeurs, la mise en page au bon format, la validation du « bon à tirer », etc. Puis enfin, lorsque vous aurez votre précieux manuscrit enfin concrétisé entre vos mains, le plus difficile restera à faire : le faire connaître… et le vendre.

Mais cela concerne un autre sujet, qui mérite que l'on y consacre un ouvrage clair et détaillé à lui tout seul.

**Considérez donc ce livre comme une espèce de guide personnel**, à consulter indéfiniment tant que vous n'aurez pas atteint votre but premier, qui est de terminer votre manuscrit.

Lisez-le et relisez-le.

Au-delà de l'énergie et de la confiance en vous qu'il souhaite vous transmettre, ce petit manuel ne dira finalement qu'une chose très simple : écrivez, relisez-vous, réécrivez, faites-vous relire… et corrigez !

*Écris ton livre !*

*Écris ton livre !*

## LE MYSTÈRE DE L'ÉCRIVAIN

Devenir un écrivain aux yeux des autres est une bien étrange expérience, car il règne autour de ce statut particulier une admiration à la fois inquiète et perplexe, sans doute auréolée d'une part de mystère parfois soigneusement entretenue.

Il faut dire que les écrivains sont des « personnages » à part. Souvenez-vous de Balzac qui, pour écrire au moins trois romans et plusieurs nouvelles ou épisodes de feuilletons chaque année, travaillait comme un forcené qui carburait au café depuis une heure le matin jusqu'à six heures le soir. Sa recette était d'ailleurs très personnalisée : afin d'en augmenter les effets, il utilisait un grain concassé qu'il faisait infuser à froid en le passant avec très peu d'eau, transformant cet excitant naturel en véritable drogue à ébranler le cœur et les idées ! Zola, lui, était obsessionnel et superstitieux. Chez lui, chaque objet devait être à sa place. Il sortait toujours de chez lui avec le pied gauche, et franchissait toujours un obstacle du pied droit ! Il était claustrophobe, ne supportant pas la foule, mais heureusement, les multiples de sept qu'ils voyaient dans les numéros de portes le rassuraient. Georges Simenon écrivait ses romans en quelques jours seulement, muni de deux machines à écrire pour le cas où l'une d'elles aurait pu tomber en panne. Selon ses propres termes, il était dans un état de transe, comme possédé par son personnage principal, et il ne pouvait tenir le rythme plus d'une semaine de peur que les personnages lui

## Écris ton livre !

« filent entre les doigts ». En interview, Amélie Nothomb aime multiplier les excentricités en racontant que l'écriture est pour elle « une situation pathologique incontrôlée » qui lui procure néanmoins beaucoup de plaisir, et qu'elle aime se nourrir de fruits gâtés.

À la question que se posent beaucoup de gens « un écrivain est-il un être normal ? », certains se contenteront de répondre par une certaine méfiance, mais suite à celle qui consiste à se demander si l'écrivain est une personne bien fréquentable, vous récolterez parfois d'étranges réactions semblables à des manifestations de jalousie. N'en soyez pas surpris. Même si vous ne parveniez qu'à vendre un seul exemplaire de votre livre, on pourrait toujours vous reprocher (au moins de manière inconsciente) d'avoir su réaliser ce rêve incroyable et insaisissable d'écrire un livre, de manière finalement très égoïste.

Par conséquent, maintenant que vous avez réussi l'impossible tout en restant enfermé dans votre tour d'ivoire, ne comptez pas forcément sur l'aide de vos proches pour vous faire connaître, surtout s'il leur faut un peu de temps pour digérer la nouvelle. Certains feront preuve d'une grande générosité et vous en serez parfois le premier étonné, mais d'autres pourront tout aussi bien refouler cet exploit au plus profond d'eux-mêmes, comme si vous aviez écrit votre livre pour les humilier de ne pas avoir su le faire à votre place. Vraiment, votre sadisme est sans limite !

En général, par contre (je ne parle pas de celles et ceux qui font le monde littéraire), on finira toujours par vous aduler si vous deveniez célèbre, la célébrité constituant de nos jours une valeur tout aussi importante que le talent, et possédant, du reste, la prodigieuse particularité de gagner d'emblée la confiance des troupeaux. Aux yeux des plus désenchantés, un écrivain qui n'a pas su gagner une certaine renommée traînera fatalement derrière lui une étiquette d'écrivain raté (du moins au sens socioprofessionnel du terme, car peu importe la qualité de sa prose ou le génie de son imagination). La reconnaissance de son statut reposera en outre sur deux piliers fondamentaux : est-il connu, et combien vend-il de livres ?

En d'autres termes, maintenant que vous êtes l'auteur d'un manuscrit (ou que vous allez bientôt le devenir), si vous souhaitez devenir un écrivain à part entière aux yeux des autres, vous avez deux solutions.

La première est de vous soucier du regard des autres (pas forcément très juste, je vous l'accorde), et d'accepter de vous soumettre à ces critères de valeur. Vous cultiverez alors soigneusement votre singularité, participerez activement à la construction de votre propre mythe, multiplierez les excentricités, les provocations, et vous autoriserez même quelques scandales. Ainsi, vous deviendrez facilement célèbre, et pourrez mesurer alors vous-même à quel point il est plus facile de vendre des livres quand tout le monde sait qui vous êtes.

La seconde solution que j'ai à vous proposer, hélas, est beaucoup plus terre à terre : **la meilleure façon de devenir un écrivain, c'est encore de prouver que l'on est vraiment capable d'écrire d'autres livres.**

*Écris ton livre !*

## AVANT DE VOUS RENVOYER À VOS PAGES BLANCHES

Ce n'est jamais en suivant le troupeau que l'on déniche les meilleurs chemins de traverse. Croire en soi (ou en sa bonne étoile) est le meilleur des moteurs qui puissent mener au bonheur. Qu'est-ce que réussir sa vie ? Est-ce contraindre sa personnalité à se laisser fondre dans un moule ? Non. Faites ce que vous avez envie de faire. Accordez-vous la liberté de choisir vous-même l'existence que vous voulez. Ne faites pas des études de médecine pour faire plaisir à vos parents, n'abandonnez pas un travail dans lequel vous vous épanouissez pour que votre conjoint puisse s'épanouir dans le sien, ne mettez pas votre vie entre parenthèses parce que vous devez vous occuper de vos enfants.

**Ne vivez pas uniquement pour faire plaisir aux autres.** Faites des concessions ; ne faites pas de sacrifices !

Lorsque vous commencez à vouloir faire les choses de manière différente et personnelle, certains vous semblent prêts à vous lyncher pour vous montrer que ce sont eux qui ont raison ? Fuyez-les ! Ceux qui se préoccupent trop de la vie des autres souffrent forcément d'avoir une vie mal remplie. Ils sont les premiers à vous décourager pour vos ambitions, vous casser vos espoirs et vous saboter la propre opinion que vous avez de vous-même. Ces personnalités toxiques sont à proscrire de votre vie. Comme des sangsues, ils se nourrissent de votre énergie et vous en défont dans les moments où vous en avez le plus besoin.

Ne vous préoccupez que de votre bien-être, même si cela vous paraît excessif et égoïste, et que je ne suis d'ailleurs pas le mieux placé pour vous donner ce type de conseil ! Lorsque vous êtes en harmonie avec vous-même, vous rayonnez tout autour de vous d'une énergie positive qui est le meilleur cadeau que vous puissiez faire aux autres. Votre bonheur est votre richesse. Si facile à distribuer...

**Trouvez ce pour quoi vous êtes fait, et consacrez-y du temps et de l'énergie.** Arrêtez de vivre pour travailler et remettez les choses à leur place : à la base, on travaille pour vivre. Apprenez, soyez curieux, intéressez-vous à tout et intéressez-vous aux autres, réalisez-vous et aidez les autres à se réaliser eux-mêmes, épanouissez-vous dans des projets collectifs valorisants, et non pas destructeurs des hommes et de la planète. Méfiez-vous de la pensée collective, du politiquement correct, et retrouvez la responsabilité de vos actes. Au XXI$^{\text{ème}}$ siècle, cela me paraît une aberration de devoir se lever le matin en confiant son âme au diable, pour ne la récupérer que le soir au moment où il faut se coucher, simplement parce qu'il va falloir se lever tôt le lendemain.

L'humanité ne peut pas avoir connu toutes ces évolutions pour arriver à un résultat aussi médiocre.

**L'être humain ne trouve de sens et de bonheur dans son existence que lorsqu'il devient acteur et responsable de sa propre vie.** Tant qu'il subit les événements sans pouvoir agir concrètement sur eux, les maîtriser et reprendre le dessus des situations, il s'enfonce dans un cercle vicieux où sa

*Écris ton livre !*

résistance s'amenuise pour ne laisser place qu'aux soupirs, aux plaintes et à la culpabilisation des autres et de lui-même. Tandis que les jours passent, puis les semaines, les mois et les années, ses projets stagnent, son moral dépérit, et son bonheur de vivre lui semble à jamais perdu. Nous sommes tous nés pour donner, échanger, grandir et nous épanouir. La vie a beaucoup à nous apprendre et chacun a beaucoup à apporter aux autres. Voilà pourquoi nous avons tous des défis, des projets, des envies particulières à concrétiser et des obstacles à surmonter. Nous ne trouvons de satisfaction que dans les actions que nous parvenons à finaliser. **Nos rêves inaboutis finissent toujours par nous causer bien des tourments**, nos projets abandonnés sont autant de poisons qui nous rongent de l'intérieur, et à chaque fois que nous baissons les bras devant un obstacle, c'est tout un pan de confiance en soi qui s'effrite.

C'est simple : **osez empoigner le taureau de vos envies par les cornes**, donnez-vous les moyens de réussir, et interdisez-vous d'abandonner tant que la partie n'est pas terminée ! Fixez-vous un objectif clair, précis, et auquel vous ne dérogerez pas ! Prenez vos bonnes résolutions et n'attendez pas d'être complètement éméché la nuit de la Saint-Sylvestre pour le faire. Puisque l'on ne devient écrivain qu'en écrivant, réservez-vous des plages horaires pendant lesquelles vous ne ferez que cela. Dressez la liste de vos priorités, éteignez votre télé, et ne gaspillez pas votre temps libre à « surfer sur Internet » (je sais de quoi je parle).

Ce que je pense, c'est que dans un monde en évolution permanente, dans lequel rien n'est constant et tout s'accélère sans cesse, où le contenu informatif s'accroît chaque année de façon exponentielle et oblige

*Écris ton livre !*

les individus à se mettre « à la page » le plus régulièrement possible, cela va devenir de plus en plus difficile, pour un auteur, de faire connaître son premier ouvrage aux lecteurs. **Dans ce flot permanent de publications de toutes parts, qu'elles soient imprimées ou numériques, quelle autre solution y aura-t-il pour se faire remarquer que de s'en remettre à la quantité ?** Les rentrées littéraires n'encouragent-elles pas déjà ce processus ? Combien d'auteurs sont attendus, chaque année, à date fixe, pour la remise de leur nouvelle copie (pourtant pas toujours très bien aboutie) ? Cet impératif butoir à l'écriture est-il sincèrement compatible avec le perfectionnisme de celui qui aime faire de belles phrases ? À moins d'avoir l'opportunité financière de pouvoir se consacrer corps et âme à l'écriture, et de pouvoir ainsi user de toute la minutie nécessaire pour ciseler son texte comme un orfèvre en train de perfectionner son dernier petit bijou, peut-on devenir un « grand auteur » ou un « bon écrivain » dans le monde dans lequel on vit aujourd'hui ?

À défaut de pouvoir répondre à ces interrogations, laissez-moi vous expliquer pourquoi j'ai préféré autoéditer mon premier roman plutôt que de chercher à tout prix à me faire éditer.

Après ces petites confidences, je suis certain que vous vous sentirez pousser de nouvelles ailes encore plus robustes pour votre premier envol…

## MON EXPÉRIENCE PERSONNELLE :
## Pourquoi j'ai préféré autoéditer mon premier roman

En finance, plus vous avez de l'argent, plus il vous est facile d'en gagner. En édition, plus votre nom est gros sur la couverture, plus on vous donnera de visibilité pour vous permettre d'avoir encore plus de succès. C'est aussi simple que cela.

Mais inversement, moins vous êtes connu, plus il est difficile de trouver un intérêt à défendre votre ouvrage, et pour la majeure partie des cas où l'on accepte malgré tout de le faire, il n'est pas rare qu'on ne laisse que quelques semaines seulement à votre premier roman pour se faire une existence en librairie avant qu'on le renvoie tout simplement direct au pilon.

On appelle « ça » la société de consommation.

Quand on habite en province (je suis haut-savoyard), que l'on n'a aucun contact au sein du milieu éditorial parisien, même si cela fait « cliché » de le dire, on part avec très peu de chances de pouvoir être publié par une maison de grande renommée. Si, en plus, on tient compte du fait que les éditeurs prennent de moins en moins de risques à publier de nouveaux auteurs, et aussi du fait que les livres restent de moins en moins longtemps sur les rayonnages des libraires afin de laisser la place aux suivants, je trouve que cela fait beaucoup de points négatifs à charge contre le recours aux éditeurs traditionnels. Les seuls avantages qu'il faut leur laisser pour le moment sont cependant peu négligeables : la crédibilité et une distribution a priori efficace.

*Écris ton livre !*

Face à ce constat, j'ai longuement hésité. Et ce d'autant plus que l'alternative qui se présentait à moi avait des atouts non négligeables : elle s'appelait l'autoédition.

Pour les moins informés, il y a trois façons de publier un livre : l'édition à compte d'éditeur, où l'éditeur prend tous les frais à sa charge ; l'édition à compte d'auteur, où l'éditeur, selon l'état de sa trésorerie (dans le meilleur des cas) ou son degré d'incompétence voire d'escroquerie, demande à l'auteur de payer une partie plus ou moins conséquente des frais ; et l'autoédition (que l'on peut également écrire auto-édition), où l'auteur endosse lui-même le rôle de l'éditeur en assumant tout seul les frais engendrés par la publication de son ouvrage.

Le fait de décider soi-même de publier son ouvrage sans avoir à lui faire subir la moindre épreuve de sélection de la part d'un comité de lecture a de quoi susciter quelques méfiances au prime abord. Car cela signifie que n'importe qui peut publier n'importe quoi. La fin de la littérature, en quelque sorte.

Mais j'avais mon plan...

J'ai donc décidé, en endossant complètement mon statut de débutant, de consulter quand même une grande maison d'édition, au moins pour ne pas avoir à regretter plus tard de ne pas l'avoir fait. Par contre, les choses étaient claires dans ma tête : il n'y aurait qu'une seule tentative.

Deux mois plus tard, la réponse me parvint sous forme de lettre type. Le manuscrit était refusé comme je m'y étais attendu, et une belle aventure commençait pour moi : l'autoédition.

*Écris ton livre !*

**S'autoéditer, c'est aller au bout de sa liberté d'auteur.** En autoédition, quand vous avez envie d'écrire que votre personnage en a marre et qu'il va se « pieuter » au lieu de se « coucher », personne n'est là pour essayer de vous convaincre de faire un effort de langage. D'ailleurs, entre parenthèses, quand vous êtes énervé, vous, vous allez vous pieuter, ou bien simplement vous coucher ? Mais la liberté de l'auteur qui s'édite par ses propres moyens ne s'arrête pas là : vous allez décider vous-même, en partenariat avec l'imprimeur que vous aurez choisi, de l'apparence générale de votre livre, choisir la couverture avec un graphiste (ou la concevoir vous-même si vous savez le faire), faire votre mise en page comme vous en avez envie, utiliser la police d'écriture que vous préférez, etc.

Bien sûr, vous n'êtes plus vraiment dans le travail d'écriture ni dans votre rôle d'auteur à proprement parler, mais reconnaissez qu'il y a quelque chose de fort valorisant dans ce petit côté « je vais le faire tout seul jusqu'au bout », non ?

**Les difficultés de l'autoédition peuvent être de trois sortes : financières d'abord, techniques ensuite, puis partenariales enfin.**

Par chance, je bénéficiais d'une petite trésorerie qui me permettait d'assumer le financement de la publication papier de mon livre, et l'aventure de la publication de mon premier jet sur un blog me permit de recevoir la proposition généreuse et inespérée d'une correctrice professionnelle qui se trouvait en chômage technique entre deux postes et qui ne voulait pas perdre la main en restant inactive pendant deux mois. Gratuitement, elle mit le nez dans le manuscrit et me rendit une copie criblée de mots surlignés en raison de toutes les fautes d'orthographe que j'avais laissé passer, mais aussi de nombreuses règles d'orthotypographie que j'ignorais totalement, comme celles qui régissent le fait d'écrire certains mots entre guillemets plutôt qu'en italique, par exemple, de mettre un point avant ou après fermeture des guillemets, etc.

Ces corrections (à côté desquelles mon bouquet de fleurs et ma belle boîte de bons chocolats feront toujours pâle figure) m'auraient coûté une fortune à l'époque, en raison de la longueur du manuscrit. Mais elles se révélèrent essentielles pour moi, en me permettant notamment de recueillir un premier avis objectif et professionnel sur mon texte, et de prendre ainsi conscience des lacunes principales qu'il me fallait absolument corriger (merci mille fois, Delphine !)

Pour les difficultés techniques du travail de publication, je me souviens avoir passé beaucoup de temps à régler les différentes mises en page, car pour des raisons économiques, j'ai préféré travailler avec un imprimeur différent à chaque étape.

Par souci de bien faire, il était d'abord nécessaire pour moi d'effectuer un tirage unique, plus couramment appelé « bon à tirer » dans le jargon éditorial. Cette étape a été effectuée auprès d'un imprimeur à la demande et m'aura coûté environ 20 €.

Le fait de tenir en main l'ensemble de son texte sous forme de vrai livre papier permet une relecture totalement différente de celle que l'on effectue sur écran ou sur des impressions au format A4. Des coquilles qui avaient échappé à toute votre vigilance peuvent soudain vous sauter aux yeux, curieusement, comme si vous étiez en train de lire le roman d'un autre (et l'on sait combien il est toujours plus aisé de repérer les défauts des autres que les siens !)

*Écris ton livre !*

Une fois ces nouvelles corrections effectuées, ma stratégie était la suivante : effectuer, avec un imprimeur bien placé pour les petits tirages, une avant-première édition non officielle de 30 exemplaires seulement, destinée à recueillir les premières critiques objectives, et si possible le faire auprès d'un lectorat assez large, allant de simples connaissances, jeunes ou âgées, peu habituées à lire, jusqu'à des personnes beaucoup plus habituées ou réputées pour le faire. Parmi ces dernières cibles, il y avait au départ de grands lecteurs passionnés, animateurs de blogs spécialisés, et des auteures (Marie Fontaine, et Gwënola Guillou qui est décédée prématurément quelques mois plus tard). Par la suite, principalement grâce à la publication des premiers retours de lecture sur des blogs, cela m'a permis d'élargir la reconnaissance dont j'avais besoin pour être crédible, à des employés en librairie, des animateurs d'ateliers d'écriture ou de clubs de lecture, et aussi une critique professionnelle qui faisait elle-même régulièrement partie de différents jurys de concours plus ou moins célèbres.

Étonnamment, alors que je m'attendais à récolter des avis assez mitigés, tous les retours ont été positifs, voire même encenseurs... ce qui, au final, peut presque devenir suspect pour un lecteur potentiel, et donc provoquer l'inverse de l'effet escompté. J'avais malgré tout, un mois et demi plus tard, tous les feux au vert pour me lancer dans l'édition officielle auprès d'un nouvel imprimeur mieux placé pour un tirage plus conséquent. Cette nouvelle version, recorrigée au passage des dernières coquilles repérées par ces premiers lecteurs que je remercie encore, correspond au stock de livres que je n'ai pourtant pas encore réussi à

*Écris ton livre !*

écouler complètement, la plupart de mes ventes se faisant en numérique.

Je retravaillai ma quatrième de couverture en mettant en avant quelques éloges qui pouvaient contribuer à me donner une certaine légitimité, et je réalisai un site officiel du livre afin de récolter, entre autres, toutes les nouvelles critiques qui me seraient faites par la suite (une cinquantaine à l'heure où j'écris ces lignes).

On me fit des propositions de partenariats (radios web, journalistes, autres auteurs indépendants, et même quelques propositions un peu insolites) et je fus contacté par des agents littéraires, pas forcément des plus honnêtes soit dit au passage, et aussi par plusieurs éditeurs numériques qui me firent leurs propositions, mais dont la lenteur à passer du projet à l'action m'encouragea à publier moi-même le livre en version numérique en exclusivité sur Amazon.

Cela eut lieu un an exactement après la publication de l'édition officielle au format papier. Nous étions en juillet 2012.

Il a fallu créer une nouvelle mise en page pour ce nouveau format. Ensuite, le service *Kindle Direct Publishing* d'Amazon, géra de manière automatique la conversion de mon fichier .doc en format .mobi adapté à l'application Kindle. Les médias semblent tout faire pour que le travail d'autoédition soit assimilé à un clic un peu trop facile dans la tête des consommateurs, mais ce n'est pas le cas. L'autoédité est souvent seul face à ses problèmes, ne bénéficiant que rarement d'une aide technique ou commerciale de la part des plates-formes de distribution habituelles. Cela fut par exemple un peu difficile de créer une table des matières fonctionnelle à mon fichier. Heureusement, grâce aux différents

*Écris ton livre !*

tutoriels que l'on peut trouver sur le net, on finit toujours par arriver au bout de ses problèmes. Qui cherche trouve !

Aujourd'hui, je ne regrette pas ce choix pour au moins deux raisons : la première parce que j'ai pu rester libre sur toute la ligne de faire ce que je voulais comme je voulais au moment où je le voulais, et la seconde parce que je n'ai pas fait moins bien tout seul que la moyenne des ventes constatées pour un premier livre lorsqu'un auteur se fait publier par un éditeur traditionnel.

J'ai été libre de fixer moi-même le prix de la version numérique, lisible sur la plupart des supports en téléchargeant gratuitement l'application Kindle d'Amazon. Beaucoup d'éditeurs en place voient le numérique comme une occasion de plus de se faire beaucoup d'argent sur le dos des auteurs. Ce n'est pas normal qu'un ebook soit vendu pratiquement au même tarif qu'un livre papier (pour lequel il y a un coût réel de fabrication, de distribution, et de commission reversée aux libraires) sans que les droits d'auteur n'augmentent pas en conséquence. À moins d'être de sérieux escrocs, la plupart des autoédités ont conscience de cette réalité, et n'hésitent donc pas à afficher des tarifs de trois à dix fois inférieurs à ceux des éditeurs.

Pour des raisons de stratégie commerciale, par exemple, mon tarif évolua plusieurs fois au cours de l'année, de l'offre promotionnelle totalement gratuite pendant plusieurs jours (afin de faire connaître le titre) à un prix actuel, et sans doute définitif, de 5.49 €.

Je m'étais amusé à calculer que cela revenait à se procurer une tranche d'évasion à un tarif situé entre 0.55 et 0.70 € de l'heure, selon sa vitesse de lecture habituelle : les explications des gens qui se cachent derrière le prix trop élevé des livres pour se justifier de ne pas lire sont donc irrecevables !

Concernant les difficultés humaines, par contre, il y a bien évidemment le gros manque de crédibilité dont souffrent les auteurs indépendants, notamment auprès des libraires. Moi qui pensais que ces gens s'intéressaient avant tout aux livres, je me suis trompé. Les rares que j'ai osé aborder n'étaient pas du tout enclins à sortir des sentiers battus. Demander à un libraire s'il accepterait, après l'avoir lu, un ouvrage autoédité en dépôt-vente, revient à lui tendre une perche pour vous faire battre. C'est tout juste si on ne vous claque pas la porte au nez en vous jetant dix litres d'huile bouillante sur le corps en guise de premier et ultime avertissement. Le seul à qui j'avais réussi à laisser un exemplaire à titre commercial a fini par le vendre à un lecteur qui le lui avait demandé... mais en se gardant bien de me reverser le moindre centime à titre de partenariat !

Je trouve cela dommage, car s'il est exact que certains auteurs indépendants n'hésitent pas à publier leurs pires brouillons sans le moindre état d'âme, d'autres ouvrages méritent vraiment qu'on leur laisse une chance. Et je ne parle même pas de certaines perles qui n'ont rien à envier aux plus grands de la littérature. Le succès de certains auteurs indépendants leur a d'ailleurs parfois valu d'être « rachetés » par de grands éditeurs. Récemment, ce fut le cas d'Agnès Martin-Lugand, dont le premier roman très émouvant, *Les Gens heureux lisent et boivent du café*, a été récupéré par les éditions Michel Lafon.

*Écris ton livre !*

Honnêtement, si j'étais libraire, je commencerais d'ores et déjà à réviser mon point de vue en m'interrogeant sur mon véritable rôle au sein de la culture, car si, pour le moment, la lecture sur support papier a encore toute sa place dans le cœur des Français, dans les années à venir, au regard du nombre de tablettes commercialisées en fin d'année 2012, les choses vont nécessairement évoluer. Le virage est amorcé, et n'en déplaise aux vieux camemberts que nous sommes, cette révolution qui a déjà eu lieu depuis longtemps aux États-Unis, finira bien par se faufiler un chemin jusque dans nos mœurs.

Que ferez-vous de vos boutiques, libraires, lorsque le papier aura moins la cote, lorsque vous connaîtrez les mêmes soucis de pérennité que Virgin et Chapitre récemment ? Vous intéresserez-vous soudain à ces auteurs indépendants qui ont besoin de vous ? À moins qu'il ne soit trop tard, et que d'autres, plus à l'affût des changements comportementaux et culturels, vous aient déjà raflé tous les contenus intéressants ?

Pour finir, que ceux qui ont lu ce livre gardent cela en mémoire : le XXI$^{\text{ème}}$ siècle sera communautaire ou ne sera pas.

Lorsque tout le monde ne cesse de parler de « crise », il est peut-être grand temps pour nous tous de considérer cette crise comme une opportunité.

Bonne écriture, bon succès, bonne route à vous !

*Écris ton livre !*

## INFORMATIONS ET REMERCIEMENTS

Parce que vous y trouverez de nombreux articles ou interviews consacrés à des auteurs auto-édités qui ne manquent pas de talent, je vous invite à découvrir mon blog : http://www.auteursindependants.com

Merci à tous les membres de notre communauté solidaire de faire en sorte que 1+1=3, et plus particulièrement à Bruno Challard, Adam Molariss, Marie Fontaine, Chris Simon, Marie Da Cruz, Vera Sayad, et aussi à Agnès Martin-Lugand, pour toute l'énergie qu'elle nous transmet à tous en ouvrant ainsi la voie du succès aux auteurs indépendants.

Merci à celles et ceux qui me soutiennent dans mes projets de publications, et qui contribuent à développer ainsi mon lectorat. Sans vous, tout cela n'aurait vraiment aucun sens.

Merci à Nathalie de mieux comprendre mes aspirations et mon besoin de distance lorsque j'écris, et merci à nos deux rayons de soleil de nous transmettre leur énergie pleine de vie.

Marion et Laura, puisse cet ouvrage vous aider si un jour vous veniez à manquer de confiance en vous.

Merci à vous, aussi, de prendre le temps de laisser un commentaire sur ce livre aux endroits qui vous paraitront les plus adaptés. J'espère de tout cœur que ces écrits pourront vous aider à aller au bout de vos projets, en écriture comme dans la vie.

*Écris ton livre !*

## AUTRES PUBLICATIONS DE L'AUTEUR

\* MA VIE EST UN SKETCH \*
Projet de quadrilogie, dans laquelle on suit l'évolution identitaire et spirituelle d'un personnage devant diverses épreuves de sa vie. Humour et développement personnel devraient être les grands fils conducteurs de cette série.

\* AUTO-ÉDITION \*
L'écriture fait partie intégrante de l'expression de soi. En ce sens, elle répond à un besoin universel et essentiel de tout être : le besoin de se dire et de communiquer ses émotions. Cette collection me permet de partager les fruits de ma propre expérience d'auteur auto-édité.

\* LA REViE JOYEUSE \*
Cette collection regroupe les jalons d'un travail personnel qui me tient à cœur : mon propre cheminement vers une vie plus heureuse. Je veux ici partager avec mes lecteurs les pistes et outils qui les aideront à prendre conscience de leurs propres blocages, modifier leurs habitudes, et accéder au bonheur auquel ils aspirent.

\* NOUVELLES ÉVASIONS \*
Une collection de nouvelles, plus ou moins longues, dans lesquelles je prends parfois plaisir à explorer d'autres pans, plus sombres, de l'être humain. Un premier recueil intitulé *L'envers de nos vies* a été publié début 2016, ayant pour thème l'apparence et l'authenticité au travers du monde émotionnel…

*Écris ton livre !*

## TOUT CHARLIE

http://charlie-bregman.iggybook.com

**Besoin d'aide en écriture ou auto-édition ?**

Rejoignez également notre communauté sur Twitter :
@auteursindepend

*Écris ton livre !*

## LABEL QUALITÉ DES AUTO-ÉDITÉS

L'ouvrage ci-présent a obtenu le Label Qualité des Auteurs Auto-Édités, ce qui signifie qu'il a été relu et corrigé par plusieurs correcteurs, afin de correspondre au niveau de qualité que l'on est en droit d'exiger lorsque l'on achète un livre.

En visualisant ce Label Qualité des Auteurs Auto-Édités sur n'importe quelle couverture, vous savez d'emblée que vous avez affaire à un auteur qui s'est engagé à respecter l'ensemble des normes spécifiques de la Charte Qualité du groupe « Auto-Édition », dont les règles sont édictées sur le site : http://auto-edition.fr.nf (rubrique Charte et Label Qualité)

Si toutefois, malgré les différents contrôles effectués, il subsistait encore quelques coquilles, merci d'en avertir l'auteur afin qu'il puisse les corriger au plus vite.

Les auteurs indépendants vous remercient d'avance pour votre confiance.

\* \* \* \* \*

ÉCRIS TON LIVRE !
Copyright © 2013 Charlie BREGMAN
Mise à jour 29/02/2016
Tous droits réservés
EAN : 9782953940022
ISBN : 978-2-9539400-2-2

charliebregman@gmail.com

\* \* \* \* \*

Le code de la propriété intellectuelle n'autorisant, aux termes des paragraphes 2 et 3 de l'article L122-5, d'une part, que les « copies ou reproductions strictement réservées à l'usage privé du copiste et non destinées à une utilisation collective » et, d'autre part, sous réserve du nom de l'auteur et de la source, que « les analyses et les courtes citations justifiées par le caractère critique, polémique, pédagogique, scientifique ou d'information », toute représentation ou reproduction intégrale ou partielle, faite sans consentement de l'auteur ou de ses ayants droit, est illicite (art; L122-4). Toute représentation ou reproduction, par quelque procédé que ce soit, notamment par téléchargement ou sortie imprimante, constituera donc une contrefaçon sanctionnée par les articles L 335-2 et suivants du code de la propriété intellectuelle.

www.ingramcontent.com/pod-product-compliance
Lightning Source LLC
LaVergne TN
LVHW091309080426
835510LV00007B/426